上司も部下も

思い通りに動かす

社内政治力

What Is Internal Politics?

敵を消し、仕事の自由度を上げるダーク・マネジメント

芦屋広太

Kota Ashiya

フォレスト出版

まえがき

†ストレスなく働くための社内政治の研究

ある会社にとても野心的なA氏という30歳の男性社員がいました。

会社でのポジションを上げ、活躍し、偉くなりたいのです。そのためには会社で誰にも負けないビジネススキルを身につけなければなりません。そこで、何冊ものビジネス書を読み、MBA取得のためにスクールに通ったりと、熱心に勉強をしました。

A氏は次第にビジネススキルに強くなっていきました。英会話、ドキュメントスキル、プレゼンスキル、プロジェクトマネジメントスキル、経営戦略、ビジネスモデル……。それこそ、多くの項目で教科書が1冊書け、講演ができるほどの知識を身につけたという自信が生まれたほどです。

仕事でも、それらのビジネススキルは発揮されました。きれいなドキュメントをつくり、練習して見栄えのよいプレゼンテーションを行い、自分が学んだビジネススキル理論を丁寧に説明しました。会社には体系的なビジネススキルを持つ人がいないので、自分にはそれを教える使命があると思ったのです。

しかし、どんなにビジネススキルを学んでも、保有する資格が多くなっても、A氏の仕事の成果は出ませんでした。社内で活躍するどころか、**皆、A氏と一緒に仕事をすることさえ好まなかった**ほどです。

A氏は次第に腹を立てるようになり、今の会社はレベルが低い、将来性がないと考え、他社へ転職していきました。しかし、次の会社も半年で、その次の会社も3カ月で退職し、その後は個人で細々と仕事をするようになったそうです。

この話は、私が経験したことや私のまわりの人から聞いたことを元にしていますが、ビジネススキルを学ぶ人や、資格取得に熱心な人の典型的な失敗例を表しています。

なぜ、A氏は豊富なビジネススキル持ち、専門的な資格を保有していたのに会社で影響力を持てなかったのでしょうか?

答えは、「ビジネススキルや資格だけでは足りない」からです。

結局、きれいな資料やカッコいいプレゼンができるよりも、声が大きかったり、人を丸め込むのが上手だったり、権力を持つものが勝つのです。それは世間でも社内でも同じです。

会議でも、「何を言ったか」よりも「誰が言ったか」のほうが重視されます。教科書的にいくら正しい理論を時間をかけて説明しようが、有力役員や社長に近い人の「俺の経験では……」「俺の経営哲学では……」の一言で敗北します。そうした権力者や彼らに一目置かれているような人の前では、はっきり言ってビジネス書で学んだスキルなど価値をなさないのかもしれません。

まさか、本書を手にしたあなたがこうした事実を**ただの理不尽、不条理と受け止めるなんてことはないだろう、と願っています。**もし管理職の立場でそう思っているのであれば、きっといつまでも結果を出せず、身も心もすり減らしてＡ氏のようにドロップアウトしてしまうでしょう。

「そういうものだ」という前提があることを受け入れられる人が本物のビジネスパーソン、いえ、「大人」というものでしょう。そのうえで、正攻法とは違う戦略を考えなければなりません。これまで習得してきたビジネススキルを生かすも殺すもこの戦略にかかっています。

では、どうすべきか？

それが本書でお伝えする「社内政治力」です。

†「働き方改革」は政府からではなく個人から

本書執筆中の２０１８年６月に働き方改革関連法が成立しました。その中でも年収１０７５万円以上を対象とした高度プロフェッショナル制度ばかりが注目されたこともあり、まだこの法律が自分事として受け入れられない人もいるでしょう。しかし、今後の政府による推進次第にもよるでしょうけれど、「少子高齢化に伴う生産年齢人口の減少」「育児や介護との両立など、働き方のニーズの多様化」という我々が直面している現在進行形の課題を前に、個人レベルにおいても新しい働き方が必要になるのは間違いありません。

それゆえに、本書のタイトルである『社内政治力』という古臭い言葉に違和感を抱いた方もいると思います。「働き方改革」と「社内政治」……。新と旧。一見正反対の属性のように思えるかもしれませんが、筋は通っているのです（そもそも、働き方改革関連法自体が政権与党による強大な政治力によって成立したので、対をなしていることとして説明することに違和感を拭えない部分もあるのですが……）。

「働き方改革」とは、これまでの働き方を新しい働き方に変えようという考え方で、労働時間ではなく、成果主義で評価する体系に変え、より少ない時間で付加価値の高い仕事をするように労働者の仕事の仕方を変えることです。そのためには無駄なものを排除し、効率的な仕事をすることが必要です。そして、生み出された時間を使って付加価値の高い仕事をする。このような能力、スキルを身につける必要があります。その能力、スキルのうち、最も重要なものが「社内政治力」です。

皆さんは、社内政治という言葉を聞いてどのようなことを思い浮かべるでしょうか？

自分には関係ない。腹黒い人が持っている力。興味があるけど難しい。このように思う人も多いのではないでしょうか。

私も会社に入ったころから10年目くらいまでそう思っていました。「社内政治なんて自分には関係ない。そのようなものがなくても自分に能力さえあれば、仕事はできる」と思っていました。しかし、50歳を超え、会社で部長として部下を持って仕事をしている現在では、社内政治はとても重要であると考えています。

そう考えるようになったのは、12年前に課長になったころからでした。課長や部長、役員は会社では管理職やリーダーとして明確な権限を与えられ、意思決定を行います。権限とは、どの仕事を担当するのか、どの部下を動かせるのか、お金はどれくらい使えるのか、などです。

課長になったころから、自分の判断だけでは仕事が進まないことが多くなりました。それまでは、直属の上司にだけ報告・連絡・相談をしていれば自由に仕事ができたのですが、課長になってからは、直属の部長や役員、他部門の課長、部長、役員の反対で仕事が進まなくなることが多くなったのです。簡単なことなのに、とても時間がかかる。反対を受けることも多いので、何回も説明するなど無駄な作業も多く、仕事は非効率的になりました。

自分は仕事上の使命に従って行動しようとしているのに、他部門から待ったがかかるのです。そこで、なぜそうなるのかを考えた結果、「**社内で仕事をすると自然に組織間の利害対立が発生する**」ことがわかりました。複数の部門があって、それぞれ権限を持つ人同士では自然発生的に利害対立が起きるのです。これが時間のかかる原因の1つでした。

そこで、私はそもそも利害対立が発生しないように最初から利害調整しておけばいいのではないかと考え、そのような仕事のやり方を研究し、実践してきました。

すると、次第に仕事のやり直しといった無駄がなくなり、効率的に仕事ができるようになったのです。この能力、スキル体系を私は社内政治力と定義し、部下や社外の人に教えています。

†6つの社内政治力

では、社内政治力がどのような力で構成されているかを説明します。

①社内調整力：関係部門に反対されず、協力してもらえる力
②部下掌握力：部下が自分の思うように動く力
③上司懐柔力：上司との関係を良好に保ち、支援してもらえる力
④社内人脈力：社内に敵を少なくし（味方を多くし）、支援してもらえる力
⑤権力操り力：社内・社外権力者との関係を強くし、話を通すことができ

る力

⑥社外人脈力：社外での活動力、社外人脈を持つことで、社内発言力を強める力

まず、社内政治力を発揮するには、自分の技能、思想、理念、ポリシーを磨き、周囲に「さすがあの人は違う」と社内に思わせることが欠かせません。それに必要なのが①～⑥の政治力。プロローグでは「社内政治力」について総論的に解説します。

次に、社内政治で最も大事なのは①の「社内調整力」です。これは第1章で説明します。以降、第2章で②「部下掌握力」、第3章で③「上司懐柔力」、第4章で④「社内人脈力」、第5章で⑤「権力操り力」を説明します。

また、①～⑤の力を持つためには、社内だけの活動ではなく、会社外の活動や社外人脈も必要ですので、第6章で⑥「社外人脈力」を説明します。

私は金融機関の情報技術部門と販売企画部門を兼務する部長職として仕事をしていますが、20年前からは教育評論家やマネジメント・コンサルタントとして、ビジネ

スキルを研究し、人に教えたり、書籍、雑誌連載などで発表する活動もしています。書籍は、情報技術関係やビジネススキル関係で90冊以上、雑誌記事やネット記事は400以上あります。

「社内政治」というテーマに絞ってまとめたのは本書が初めてですが、そうした経験があったからこそ得た知見を皆さまにお伝えしていきます。

本書は、特に管理職やリーダーになって仕事がうまく進まなくて困っている方、今後さらに上の役職を狙うための社内政治を学びたい方を中心読者として想定しています。一方で、新人や入社2〜3年目の方でも理解できるようにできるだけ平易に説明するよう心掛けて書きました。

本書を読めば社内政治はそんなに難しくないことがわかってもらえると思います。また、理論や理屈だけではなかなか納得できない部分もあるかと思い、多数の事例を紹介しています。そのすべてが実際に私が経験したり、他部署や他社にいる仲間から提供してもらったもので、生きたサンプルといえるものばかりです。どれも「あるある」的なものばかりで、腑《ふ》に落ちやすいはずです。

気軽に読んで実践して自分のものにしてください。数カ月で「仕事の自由度が上がった」を実感してもらえるでしょう。今よりも充実したストレスのない、楽しい会社生活が送れるはずです。

それが、多くの会社に広がっていくことこそが、日本の真の「働き方改革」につながると確信しています。

2018年9月

芦屋 広太

社内政治力　もくじ

社内政治力

プロローグ
6つの社内政治力と5つのダーク・マネジメント

社内調整力

第1章

利害を見極め、パワーバランスを掌握する

部下掌握力

第2章
戦える部下になるように思考を改造する

上司懐柔力

第3章 やっかいな上司を丸め込み、時に失脚させる方法

第4章

情報が勝手に集まる社内ネットワークのつくり方

社内人脈力

第5章
権力者の向きをちょいと変えさせるコツ

権力操り力

権力者の急所をギュッとつかむための5つの手法……170
権力者は役に立つ人間だけにしか興味がない……174
裸の王様と庶民との間の情報格差を利用する……175
力がない者は権力者の参謀を目指せ……178

社外人脈力

第6章
社内世論を一変させる社外からの飛び道具

本文デザイン・DTP・図版作成
†
フォレスト出版編集部

プロローグ

6つの社内政治力と5つのダーク・マネジメント

社内政治力

社内政治力で、自分の仕事の自由度が上がる

社内政治力を身につけることでもたらされるメリットはたくさんあり、後述していきますが、最も大きなことは「**自分の仕事の自由度が上がる**」ことです。

誰でも仕事はつらいよりも楽なほうがいいと思うはずです。遅くまで残業せず、定時で終え、仕事以外の好きなこと、やるべきことをできるようにすべきです。同じ人生なら、仕事でストレスを感じて生きるよりも、仕事が思うように進み、仕事でもプライベートでも充実した人生を過ごしたいと考えるでしょう。

私も同じです。会社に入って約30年、ビジネススキルを人に教えるようになってから20年経過しましたが、いつもそのように考えてきました。

現在、私は財閥系企業の部長職ですが、仕事で過度のストレスを感じることもなく、基本的に定刻で終えて夜は多くの社内、社外の人たちと交流をはかっています。また、週末はログハウスである自宅に戻り、家族や犬、猫と過ごし、好きな登山やウォーキングをしながら会社の仕事のアイデアを考えるとともに、雑誌連載原稿の執筆を行っ

ています。

私がこのように過度のストレスを感じず、会社の仕事と週末の執筆活動を続けられるのは、「仕事の自由度を上げる」ことを考えて実践してきたからです。

仕事には、この方法なら「絶対成功する」というやり方はありませんが、「短い時間で終わらせる」「やり直しがあまりない」「多くの人に反対されない」「部下に思ったように動いてもらう」「上司に動いてもらえる」「他部門の人が喜んで協力してくれる」などを実現する方法はあります。

「正攻法」では決して得られない自由

もう少し具体的に仕事の自由度について考えてみましょう。それには、仕事の自由度が低い状態を考えたほうがわかりやすいと思います。

仕事の自由度が低いとは、自分の思うように仕事が進まないということです。その原因の最も大きいものには「関係部門に反対され、協力してもらえない」があります。

他にも、「部下が自分の思うように動かない」「上司と相性が悪い、支援してもらえない」「社内に敵が多く（味方が少なく）、支援してもらえない」「社内権力者との関係が弱く、話を通すことができない」があります。これらを改善すれば、「仕事の自由度」は上がります。

これら「仕事の自由度を下げる」原因を除去する方法が「社内政治力」なのです。「まえがき」と重複してしまいますが、改めて社内政治力の6つの力をおさらいしましょう。

①社内調整力：関係部門に反対されず、協力してもらえる力
②部下掌握力：部下が自分の思うように動く力
③上司懐柔力：上司との関係を良好に保ち、支援してもらえる力
④社内人脈力：社内に敵を少なくし（味方を多くし）、支援してもらえる力
⑤権力操り力：社内・社外権力者との関係を強くし、話を通すことができる力
⑥社外人脈力：社外での活動力、社外人脈を持つことで、社内発言力を強

める力

私は、これらの方法を20年かけて研究、実践し、教えることができるようになりました。論理的思考や文章力、プレゼン力などは人を動かす力のベースになるので、しっかり身につける必要がありますが、それらだけでは不十分です。

たとえば「何が何でも部下に言うことを聞かせる」「必ず上司に自分を認めさせる」「周囲に圧倒的に自分の力を認めさせる」など、手段を選ばず、使える手は何でも使う多少荒っぽく人を動かすようなものが必要になります。

つまり、**権謀術数が必要になる**のです。一般にはダーティーかつ冷たい印象が強いこの言葉と「社内政治」は切っても切れない関係にあります。それが社内政治を忌避《きひ》させる最大の原因にもなっています。

しかし、自分の利益はもちろん、チームの利益のため、さらにそれが会社の利益のためになるのであれば、否定されるべきものではないはずです。現に、そうした使い方はできますし、本書でお伝えするのがそのための考え方やテクニックです。本書ではそれを「ダーク・マネジメント」と命名して解説していきます。

自分を陥れようとする勢力に対して、純粋無垢な「正義」、理想論だけで対抗するのは心もとないはずです。もちろん、そうした場合にもダーク・マネジメントは効果を発揮します。

一般のビジネススキルとともに、ダーク・マネジメントをバランスよく身につける必要があるのです。

「ダーク・マネジメント」の5つの基礎

仕事をするうえでは、立場上他人と対立したり、時に悪意を持って邪魔されることもあります。社内で気に食わない人を貶《おとし》める、出世争いで敵対関係にある相手の仕事を邪魔する、悪評を立てて攻撃する人もいるでしょう。

会社には善人ばかりではなく、自分の成果を求めるあまり意識的、または無意識的に、他人を利用したり、踏み台にしたり、蔑《ないがし》ろにするダーティー社員もいます。

特に、会社での役職、資格が高くなるほど、出世競争も激しくなり、ダーティー傾向のある社員も多くなっていきます。このような環境の中で自分の仕事の自由度を上げるためには、自分や部下を守っていく高い攻撃力、防御力が求められます。この力がダーク・マネジメントなのです。

ダーク・マネジメントは危険な力なので、普段はあまり使わないことをすすめますが、悪意を持って保身や名誉、欲のために行動をする相手と対立が生じるような場合も含め、平和利用することが前提です。

あくまで、「ずるい」「悪意のある」「卑怯な」相手を無力化する目的で使うのです。ダーク・マネジメントの基礎は、戦国時代の戦いを参考にした以下の5つになります。

†同盟作戦：多数派工作

利害が対立する相手の思うように進まないよう、社内の主要部門のキーパーソンを味方にして、対立相手の仕事に簡単に協力しないように連携して行動する作戦。

†諜報作戦：情報を使っての誘導

対立相手のダーティーさ、ずるさ、自己保身などのネガティブ情報の噂を社内に意図的に流す。これにより、対立相手の評判を下げ、無力化する。また、相手のNOという立場をYESに誘導するための情報を意図的に流す作戦。

†囲み攻め：会議において数で押す

相手を数で圧倒する攻め方。自分の社内人脈、利害が一致する他部門のキーパーソンを仲間にし、自分サイドは複数、相手は単独になるように会議を設定し、自分の意見に同意してもらい、相手を多数の力で圧倒する手法。味方がなく、他部門に囲まれた相手は反論し続けることが難しくなる。

†兵糧攻め：相手のリソース供給停止

相手が何かをする際に必要とする資源（金＝経理部門、人＝人事部門）の供給先と共同し、金、人やその他の経営資源の供給を止める、または減少させる手法。リソース供給が滞った相手は動くことが難しくなる。

†水攻め：権力者から高い圧力を加える

会社の権力者（社長、役員）などから命令してもらって相手を動かす。最も破壊力が高いので水攻めと呼ぶ。対立を解消する力は抜群だが、何度も使うと相手から恨まれ社内で嫌われて、そのうち返り討ちにあうので多用はすすめない。

この5つのダーク・マネジメントを応用して得られるのが社内政治力です。うまく使えば、その力は格段に向上します。

正論は権力者しか使えない

社内政治では、正論で事が進まない場合が多くあります。

この場合は搦《から》め手を駆使するのが基本です。搦め手とはもともと城の裏門のことです。正門である大手門を攻めるのが正攻法ならば、搦め手とは裏から攻めるという意味です。つまり正論で話を通すのではなく、裏の手奥の手を使って仕事を進める作戦が搦め手なのです。ダーク・マネジメントとは、まさにその搦め手です。

仕事を進めるうえで正論で突破していけるのは社長や役員などの権力者だけです。多くの人は利害対立を乗り越えて仕事を進める必要があります。ダーク・マネジメントは社内の障害の突破戦略といえます。社内政治力を高める第一歩はダーク・マネジメントを常に考えることです。

ではどういう場合にダーク・マネジメントが必要なのか説明します。仕事では人（上司、部下、他部門の人、取引先の人など）を自分の意図する方向に動かしたい場合が多いと思います。

ダーク・マネジメントにおいては、相手によって「動かす」のが簡単だったり、難しかったりすることを理解し、動かし方を考える必要があります。命令権がある自分の部下を動かすのは簡単ですが、命令権がない人や上司、上長、取引先などの立場の強い人を動かすのは容易ではありません。

たとえば、上司が自己中心的で部下の言うことに耳を傾けず、自分の独断で突き進むケースなどです。

このような強い上司の場合は、企画内容が正しく論理がしっかりしていても、部下は上司を突破できないケースがあります。そこで必要なのがダーク・マネジメントなのです。

たとえば、部下を信用していない、自分の思う通りにしか進めたくない上司を納得させるには、部下が単独で説明してもダメです。この場合は、上司と部下だけでなく、先輩、上司との関係が強い上長、関係部門などのキーパーソンを絡ませ、事前に大義名分をつくり、上司を納得させる方法を一緒に考える集団戦に持ち込みます（囲み攻め、→30ページ）。

私は、この方法をよく使っていました。自分が上司を説得する場合には、関係者を集め、自分のアイデアに同調してもらったり、あえて戦略的に反論してもらい、その反論に自分が完璧に答えるなどの演出を行い、上司に独善的な判断をさせないようにしていました。

このように、上司を説得するために、周囲を巻き込む戦略は、私だけではなく世の中でよく使われますが、周囲に協力してもらうには、大義名分がしっかりしていること（会社のために独善的な上司を納得させる必要があることを周囲にうまく伝える）や努力や情熱を感じさせて、この人だったら協力してあげようと周囲の人に思わせることが大切です。

社会も会社も無菌室ではない

ここまでの説明を読んでも、ダーク・マネジメントという謀略めいたものにアレルギーを感じる平和主義者、正義感が強い方もいるでしょう。

しかし、世の中も会社の中もいい人ばかりではありません。自分の成果だけを考えている上司、上長、自分だけ守られていればよいと思う部下、保身のために何も協力してくれない他部門の担当者もいるでしょう。特に上を目指して、自分の成果を追求するような人間は、仕事の成功を自分の手柄にして、失敗を他人に押し付けるようなことも、時に起こします。

このようなことは、確かに酷いことと思うかもしれません。

しかし、それぞれ個人の事情があり、彼ら、彼女らなりの正義や大義があるのかもしれません。もちろん、パワハラとしてコンプライアンス上問題になる行為は断固排除されなければなりませんが、社会や会社が利益を得ながら活動していく組織体である以上、成果を誰が取り、失敗の責任を誰に持たせるかは、曖昧《あいまい》にできない問題であることも事実です。社会も会社も綺麗事だけしかない「無菌室」ではないのです。社会や会社が無菌室でなく、一定の菌がいて、自分に害を与える環境であることを嘆いても仕方がありません。そうではなく、自分に害を与える環境であることを受け入れ、菌に害されない防御策を考えるべきなのです。

逆に、菌には菌を使って攻撃し、自組織や部下、自分に害が及ばないようにしていくことが必要です。


ある会社に困った上司がいました。この上司は配下の複数の部下にいろいろ調査をさせて、経営層にとって価値のある情報（売れ筋の商品やサービス情報）を集め、経営層にメールで報告していました。

しかし、この上司は部下に感謝もせず、あたかも自分自身が収集した情報であるかのように経営層に説明していたのでした。これを知った部下は皆怒り、落胆しましたが、上司に苦情を言うことも難しく、また、経営層に直談判することも上司の怒りを買うので得策ではないと考えました。

それでも、このままでは仕事のモチベーションが下がると思った部下の1人の黒沢氏（以下、事例の登場人物はすべて仮名）は一計を案じました。社内提案制度を利用し、「中堅、若手社員の情報収集力強化制度」として、中堅、若手の社員が社内全体に情報を回す制度をつくったのです。

その結果、上司が経営層に情報メールを出す価値が薄れ、しばらくして上司は部下に情報収集を命じることがなくなりました。

これは、上司の評価の元となる情報価値を無価値化する方法です。上司は情報を経営層に回すことで評価を得たかったのですから、その情報価値を無価値化することで、上司が良い評価を独り占めすることができなくなりました。兵糧攻め（↓30ページ）の一例といえるでしょう。

部下を苦しめる上司に正論で「止めてくれませんか」と言っても問題は解決しません。そのような上司には搦め手を使ってやめてもらうようにしなければならないのです。

働き方改革は社内の軋轢をさらに生み出す

社内政治力は、社内の関係者（直の上司、部下、関係部門の担当者、管理職、リーダー）などに影響力を持ち、仕事をうまく進めるための総合的な能力です。一言で言うと、社内で「うまくやる力」です。働き方改革が進むと、この社内で「うまくやる力」がこれまでよりもさらに必要になるのです。

それはどういうことでしょうか？

働き方改革とは、労働時間でなく、成果主義で評価する体系に変え、より少ない時間で付加価値の高い仕事をするように労働者の仕事の仕方を変えることです。そのためには新しい概念、技術などの「今までにない新しい何か」が必要になります。

しかし、**会社などの組織は、それまでやっていたことを止めて新しい何かをやることに保守的な反応をする場合が多くあります。**

「前例がない」「そんな新しいことがうまくいくわけがない」「失敗したらどうする」「うまくいく確証があるのか」など、新しい何かを実現するには多くの障壁、困難が伴います。この障壁を乗り越えるために役に立つのが社内政治力なのです。

会社がトップダウンで働き方改革を提唱し、現場にそのような革新的な働き方を強要しても、それだけでは働き方改革が成功するはずがありません。いくらトップダウンで進めても、会社には必ず自然発生的に利害が対立する局面があり、これは絶対になくなることはありません。

ですから、働き方改革が進めば進むほど、利害対立が発生する機会が多くなり、その利害調整に「社内政治力」とそれに付随した「ダーク・マネジメント」が必要になるわけです。

「票は銃弾より強し」社内政治力は平和利用に限定せよ

社内政治力は、あくまで仕事の自由度を高め、効率的な仕事を進めるための手段として使ってほしいと思います。なぜなら、一定以上のダーク・マネジメントを使った社内政治力は、意図的に他人を陥れたり、影響力を奪ったり、評価を落とすようなこともできてしまう危険な力だからです。

したがって、私はこれらの力を正当な理由がない限り使わないように決め、これを「社内政治力の平和利用」と呼んでいます。

一般に自分のために社内政治力を使う人を、人は忌み嫌う傾向があります。社内政治力を使う人は、仕事が成功しているうちはいいのですが、少しでも仕事がうまくいかないと一斉に周囲から攻撃されて評判が落ちることが多々あります。「あの人はダークな仕事をするからこうなったんだ。自業自得だな」「前からあの人はダークな面があったのでしょうがない——「人を陥れているから、このような目にあう」などです。

そのような目にあわないためにも、社内政治力は平和利用に限定し、自分の仕事を前に進めるため、周囲の人の窮地《きゅうち》を救うため、会社のため、世のため人のための大義を持って使うようにしてください（そうすれば、たとえ仕事がうまくいかないときでも、周囲から陰口を叩かれるようなことはなく、逆に周囲の人から助けてもらえるようになります）。

それこそが社内政治家、いえ、社内に限らず政治家としてのあるべき姿といえるのです。

第1章

利害を見極め、パワーバランスを掌握する

社内調整力

利害調整が政治力獲得の第一歩

会社の仕事は、経営目標を達成する仕事を一定の期間に一定のお金（経費）や人（直属の部下や関係部門の人）を使って遂行し、成果を出す必要があります。つまり、成果目標があり、時間の制限があり、人を使い、お金を使います。これをどのように進めていくのか、誰の責任で進めていくのか、失敗しないようにどう課題管理、解決するのかを判断するのが管理職やリーダーの役割で、判断するための権限を持ちます。

また、会社には、たくさんの部門があります。客に売る商品やサービスを企画・開発する部門、それを売る部門、売ったものについて客からの質問や苦情に応える部門、お金を管理する経理部門、ＩＣＴ（インフォメーション・コミュニケーション・テクノロジー＝情報通信関連技術）を企画開発するシステム部門などです。

このたくさんある部門にそれぞれ課長、部長などの管理職、グループリーダーと呼ばれる役職の人がいて、権限を持っています。

社内には複数の管理者、リーダーがいて、互いに経営目標を達成する行動をしていることと社内政治は密接な関係があります。会社の経営目標やそれを実現する手段は、総論では各部門の管理者、リーダー共に一致しますが、細部では一致せず、対立することがよくあります。

たとえば、会社の主力商品の売上げが落ちていて、利益も減少しているという経営課題の解決策として、ライバル会社よりも付加価値の高い商品を市場に供給し、売上げも利益も増加させるという経営目標があったとしましょう。この経営目標に、総論で反対する管理職やリーダーはいないでしょう。なぜなら、総論では、会社の経営課題の解決策になっているからです。

しかし、細部になるとどうなるか。多くの場合は部門間対立が発生します。これが会社での仕事が難しい理由です。ある管理職やリーダーの立場での正しい判断が、他の部門の管理職やリーダーにとっては好ましくないことになる場合があるのです。

これは一般に組織間のコンフリクト（利害対立）と呼ばれます。コンフリクトが発生していると仕事は前に進んでいかず、経営目標を実現できません。そこで、利害対立を解消することが必要になります。これが、社内調整と呼ばれるものです。

組織である限り、対立は自然に生まれ続ける

ここで理解してほしいことは、利害対立は誰かが悪いから発生するわけではなく、各部門の管理職やリーダーが自分の使命（ミッション）を果たそうとするために発生してしまうことです。**会社で皆が使命感を持って仕事を正しく進めているのに、自然にコンフリクトが生じ、前に進まない状態になる**のです。

私はこれを「自然発生的コンフリクト（自然的対立）」と呼んでいます。自然的対立が発生している場合に、誰かが悪い、協力してくれないと怒ったり嘆いたりしても、解決には至りません。仕事上で、自然的対立を認識したら、それを解消するような行動（対立の調整）をとらないといけません。

私は、社内調整を「仕事上の目的を達成するために必要になる社内各部門の利害関係者の出す意見、反論、要望などを事前に把握して調整し、関係者が合意できるようにする」一連の作業と定義しています。

利害関係者は、皆、一致した利害を持つわけではなく、立場の違いから、異なる

自然発生的コンフリクトの概念図

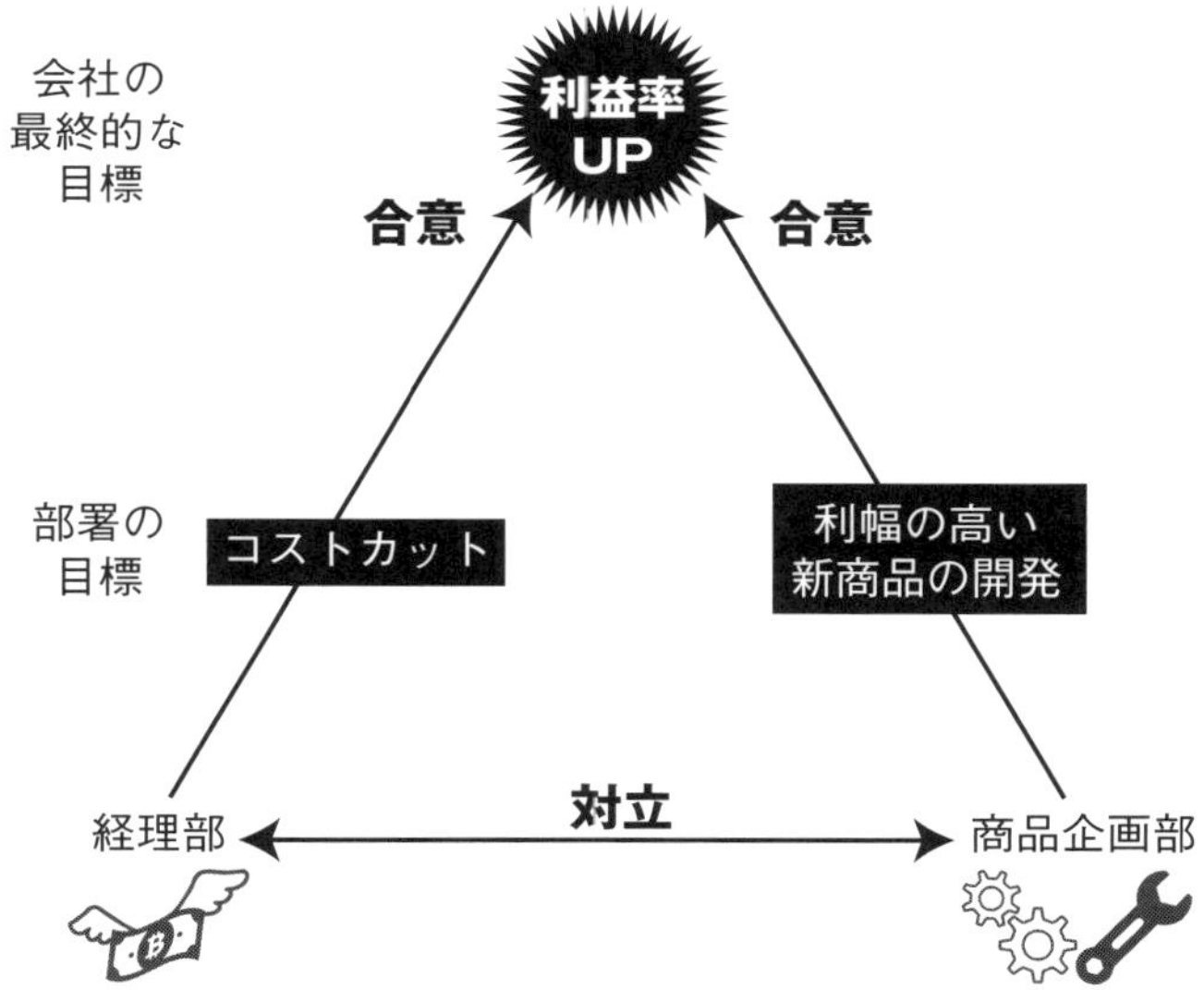

利害を持ちます。立場が違う人同士は、最終的なゴールが一緒でも、途中のミニゴールが異なるので、具体的な主張、意見、反論、その理由も異なります。これが、利害が対立する要因です。

　立場の違いとは、たとえば「商品企画部門と商品開発部門」「営業部門と製造部門」「企画部門と経理部門、またはコンプライアンス部門」のような関係です。商品開発における商品企画部門と商品開発部門の考え、意見は全体的には顧客に選ばれる商品を品質良く完成する、売れる商品、使ってもらえる商品を一致団結して開発するという双方の共通利益として合致します。

ところが、細部では非常に対立しやすいという性質を持っています。商品企画部門は使いやすい商品機能を短い期間で開発して市場投入してほしいと主張し、商品開発部門側は企画部門の要望をすべて聞いていられないし、短い期間では無理である、と利益が対立する構造になります。

このように各部門の立場の違いによる自然発生した利害対立を調整し、利害衝突を乗り越えて関係者全体の共通利益を最適化することが重要なのです。

社内調整できないリーダーは身を亡ぼす

「社内調整」という言葉に、面倒さ、やりきれなさ、非合理性などを感じる人も多くいると思います。私も30年近く会社組織内で仕事をしてきましたが、若いころは社内調整が面倒で非合理的なものと考えていました。社内全体で同じ目標に向かっているのに、なぜ、社内調整をしなければならないのかと思っていたからです。

しかし、管理職になると「社内調整」が非常に合理的なものに思えるようになりました。

なぜなら、社内調整が甘ければ、やろうと考えた仕事の進め方や立案した企画が反対されるだけでなく、その企画自体が廃案に追い込まれるケースがあるからです。社内調整が甘いと、公式な場（企画会議や経営会議など）で反対される可能性があります。どんなに良い企画やアイデアであっても、公式の場で「ダメだ」というレッテルが貼られてしまうと、本当にダメな企画になることがあるのです。

あるメーカーの新商品企画課の前田課長補佐は会社の業績を向上させるため、新しい商品開発企画を行うことになりました。そこで、他社の事例などを参考にして良いアイデアを思いついたので、企画会議の場で発表しました。

しかし、新商品アイデアはこれまでにない新しい作業を強いるのでリスクがあるのではないかとの反対意見が製造部門から出ました。前田課長補佐は自分のアイデアを否定されたため、感情的に反論しました。すると、これ聞いた製造部門の担当者や課長補佐が反発したので、前田課長補佐はさらに気分を害し、意固地になってしまいました。会議は紛糾、何も結論がでないまま終了しました。

会議の後、前田課長補佐は平静を取り戻し、製造部門と対立したものの、彼らが協力してくれないことには前に進まないので、製造方法を見直し、製造部門に負担のかからないように企画案を修正しました。この修正案を、再度関係者に説明しましたが、製造部門が首を縦に振ることはありませんでした。感情的なしこりから、その後も最後まで製造部門は前田課長補佐と対立したままでした。

その結果、前田課長補佐の企画は社内で多くの人から「製造部門が強く反対しているので実現は困難」とみなされ、最後には正式に廃案になってしまいました。

その後、前田課長補佐が新しい企画を通そうとしても、真剣に協力しようとする部門はありませんでした。

「協力しても、どうせうまくいかないだろう……」

社内の人からそう思われてしまったのです。

このようなことは、多くの会社でよく発生している失敗事例だと思います。前田課長補佐の影響力は著しく低下しました。

前田課長補佐の失敗の原因は何でしょうか。それはまさに、「社内調整不足」です。前田課長補佐は、「新しい企画を自分で考える」ということだけでなく、その企画が「他の部門などの利害関係者にどのような影響を与えるか」「利害関係者はどう反応するか」を先読みし、ネガティブチェックをして、必要な対応を含めて仕事の進め方を考える必要がありました。その一連の作業こそが、社内調整です。

仕事には、利害対立がつきものです。ですから、社内調整は絶対必要で、面倒がらずに行うべきです。**社内調整は非合理的作業ではありません。仕事を成功に導くプロセスの一環として必要なきわめて合理的な作業なのです。**

社内コーディネーターが手にする影響力の武器

すでに述べた通り、会社で仕事をすれば、自然発生的に部門間や上司、部下間のコンフリクトが発生します。一番いいのは、コンフリクトがないように仕事を進めていくことです。それができれば、仕事が前に進まなかったり、やり直しになったり、後戻りすることがなくなり、無駄な時間がかからない効率的な仕事ができるからです。

しかし、最初から最後までコンフリクトが発生しないまま仕事を進めることも難しく、どこかで何らかのコンフリクトは発生してしまうでしょう。この場合でも、できるだけ早い段階で利害調整をして、コンフリクトを解消することが必要です。

積極的に社内調整をすることの副産物があります。組織間の対立を解決していると次第に「あの人には問題解決能力がある。困ったときに頼れる人」と評価され、信頼度が増す、いわば社内政治で勝つための「自分の影響力」が上がって、社内で一目置かれる存在になっていくことです。

こうなってくると、社内で困ったことが生じると直接自分が利害当事者でなくても、相談されたり、解決に向けた助力を要請されるようになり、社内の情報が集まってきます。それを解決するとまた影響力が増し、情報が入り、という具合に**「影響力獲得の上昇スパイラル」に入る好循環が生まれます。**

このため、私も社内では積極的に社内調整を引き受けることにしています。

しかし、これをするのは、自分の影響力を増すための手段というよりも、自分の仕事の自由度を上げたいという思いのほうが強いのです。自分の仕事の自由度を上げたいために、手段としての社内調整をしていたら、社内でいつの間にか影響力が上がったという結果です。

もちろん、社内の影響力を上げたいという目的で、社内調整を積極的にしてもいいと思います。どちらを目的にするのであっても、社内調整ができることは自分の価値を高めることになるからです。

悪意で社内世論を狂わせたダーティー社員への倍返し

社内調整をするうえで、必ず必要になってくるのがダーク・マネジメントです。

社内の対立には主に2つの原因があります。1つは、会社のため、組織のため、正当に自分の能力を評価してもらうために正しい仕事をしている過程で生じる対立です。これは、正当な理由による対立といえます。

もう1つは、悪意を持って自分の保身や名誉、欲のための行動をして対立が発生する場合で、これは「ずるい」「悪意のある」「卑怯な」理由による対立です。たとえば、社内で気に食わない人を貶める、出世争いで敵対関係にある相手の仕事の成功を邪魔したり、悪評を立てるために行う行為です。

　このような相手に対してリーダーは強くなければいけません。とはいえ、相手のダーティーパワーが強く、勝てない場合もあると思います。

　しかし、負けると相手は気をよくしてさらに巧妙に攻撃をしてくる可能性があります。そこで、**勝てないまでも負けない、つまり引き分けに持ち込む**ことがリーダーには求められます。

　ダーティーな相手に勝つ、もしくは勝てないまでも負けないためには、正論だけではダメで、時にはダーク・マネジメントを駆使しなければなりません。

　B社というメーカーの営業部門の担当役員に力の強い佐山という専務がいました。専務は若いころから出世欲が強く、その分仕事もできて順調に出世をし、次期社長候補と見られていました。

　当時B社では業績が落ち込んでいたので、その打開策として新しい販売経路となる提携先企業C社と販売代理店交渉をしていました。それを担当していたのが、専務の部下の高山課長と商品開発部門の岩田課長代理でした。2人はC社と交渉しましたが、高山課長が前向きでなく、価格面や条件面で譲歩をせず、交渉は暗礁に乗り上げ、C社を怒らせてしまいました。

この交渉は社長指示だったので、佐山専務はとても怒りました。そして、交渉がうまくいかなかったのは、商品開発部の岩田課長代理の責任だと社内で言うようになりました。専務の社内人脈を駆使して社内世論を醸成し、岩田課長代理の責任として処理しようと思ったのです。

しかしこれは、高山課長の謀略でした。高山課長は、佐山専務に自分に責任がなく、すべては岩田課長代理が悪いと事実を捻じ曲げて報告していたのでした。それを信じた佐山専務が、岩田課長代理とその上司を責めるような動きをしたのです。佐山専務は岩田課長代理を追い詰めようと、関係者を呼んで会議を開きました。その場で公式に岩田課長代理に責任を負わせようと考えたのでした。

結果はどうだったか。岩田課長代理は、佐山派の動きを事前に調査して対抗策を考え、前日に徹夜で部下と一緒に10ページにわたる詳細な交渉記録をボイスレコーダを元に作成して、これを佐山専務と高山課長に突き付けました。

それを見た佐山専務は顔を真っ赤にして部下の高山課長を責めました。結局、高山課長はこの件のあと少しして地方の営業所にスライド異動になりました。そして、佐山専務は、その後岩田課長代理と対立することを避けるようになり、数年後に子会社に異動しました。

事実を記録することは、自分や部下、組織を守るためです。このように、相手の理不尽な攻撃を防御するために搦め手を使うことも、社内政治には欠かせないのです。

敵を籠絡させ、利益を呼び込む社内調整の3ステップ

私が会社でやっていて、15年以上部下に教えている社内調整のやり方を紹介します。

ステップ1　関係者の利害の把握
ステップ2　利害分析

ステップ3　利害調整

社内調整とは、社内の利害の調整ですから、最初に利害関係者は誰か、その利害はどういうものかを知る必要があります。これが、最初のステップ1「関係者の利害の把握」です。

†ステップ1　関係者の利害の把握

利害は、時間の進行や状況の変化によって変わっていくため、常に最新の利害情報を得ること、先読みをして将来の利害を予想することが重要です。

例を使って説明します。

ある会社の営業部に大田課長補佐という人がおり、上司の草加営業課長の指示で、商品の売上げを10％増加させる仕組みを考えることになりました。そのため、現在の営業データを詳細に分析する用途として500万円の新しい営業分析ツールを購入したいと思っています。そこで、支出の承認を受ける必要がある経理部門に部下の山下主任が打診したところ、経理部門が反対していると報告してきたという状況です。

この場合の利害状況は、利害関係者は営業部門と経理部門、利害は「営業部門（自部門）が営業分析ツール買いたい、経理部門は反対」ということです。

利害状況

- 利害関係者＝営業部門（自部門）、経理部門
- 利害＝営業部門は営業成果を上げるために、500万円の営業ツールを購入したいが経理部門は反対している。

†ステップ2　利害分析

次に利害の分析です。ステップ1で把握した利害状況をもっと詳細にリサーチしていきます。情報収集した関係者の利害を整理し、それぞれどのように処置すればよいかを考えます。

基本は、具体的に誰が、なぜ（理由）、そう言っているのか」を関係者全体に広げて詳細に考えることです。分析には情報が必要ですが、直接関係者本人に聞いたり、利害関係者の部下や上司といった利害関係に近い人を通して間接的に聞くなどの方法を使います。

利害が絡むと、本人やそれに近い人は本音を言わない可能性があります。そこで、利害がない社内の第三者をあたり、過去の本人の行動などを聞いて、現時点の利害状況を推測します。

この際、注意してほしいことは、情報収集の段階で利害関係者と対立しないことです。そのために、私は、以下の6つのことに気をつけており、これを利害調整の基本スタンスと呼んでいます。

利害調整の基本スタンス

- 相手の立場に配慮する（相手の立場を尊重）。
- 相手の心を踏みにじる行為はさける（否定しない、拒否しない）。
- 自分をあくまでも客観的に保つ（感情的になったり、主観的な発言はしない）。

- 相手の言い分を徹底的に聞く（相手のことをよく知り、共感を引き出す）。
- 相手と共通の利害（業績の成否など）を明確化し、常にその立場を維持する。
- 相手と利益が反するときには理由を丁寧に説明する（情報を与える）。

この6つのスタンスは簡単なことのように思うかもしれませんが、とても重要な事柄です。私がこれまで仕事をしてきた中で、社内調整力がある人は、この6つのスタンスのうち、複数を持っていました。課長、部長、役員になるにつれ、6つすべてのスタンスを持つ人が多くなったと強く感じています。

反対に、利害調整でいつもうまくいかず、関係者から信頼を失い、影響力を持てなかった人には、この6つのスタンスの多くがありませんでした。十分な基礎学力、ビジネス能力を持っていても、それだけではダメなのです。

事例に戻ります。

大田課長補佐が、利害情報を確認したところ、経理部の馬場主任は単に反対しているのではなく、「導入効果がよく見えない。コスト500万円の投資効果がいくらの売上げ増、利益増になるのかわからない。それを出してもらえれば上司（課長、部長）に通していく」と言っていることがわかりました。

ここから、経理部門は課長、部長はまだこの事案を知らず、担当者の主任が正当な理由（投資効果の情報不足で判断できない）で判断を保留している状態であることが判明しました。これなら、投資効果を明確にして、再度主任同士で話をすればこの事案は順に課長、部長に通されていくはず……。

このように思うでしょうか。それは正論の世界の話です。**正論で進めてよいのか、それとも搦め手を使う必要はないのか。利害分析では、その点も考える必要があります。**

馬場主任は素直な性格か？　仕事を面倒と思って、何かの理由をつけて前に進めない人物ではないか？　その上の課長の性格は？　ダーティーな面はないか？　部長はどうか？　という具合に、相手の真の姿を調査します。

相手の腹の中の身辺調査は、本人に聞くと本音を隠される可能性があります。そこで、第三者（日頃から経理部門と交渉している他部門の信用できる人）に確認します。

信頼できる人から聞いたところ、経理の馬場主任は、正論で仕事を進める人物であることがわかりましたが、上司である大下課長は、「コストカットこそ正義」と考えるところがあり、反対される可能性があることがわかりました。

また、経理部長は役員候補であり、部門の利益でなく、経営全体の観点で判断する傾向が強いことがわかりました。

†ステップ3　利害調整

利害調整とは、対立してしまった者同士の利害を調整したり、そもそも対立が予想される利害をあらかじめ想定し、事前に解消するように動くことです。ここで重要なのは、自分の利害を全面に出すと調整はうまくいかないということです。

利害対立が発生して硬直する理由は、自分のニーズ（メリット）だけを主張し、相手のニーズを考慮しないことです。これを避けるために、自分のニーズで妥協できるところは、欲張らずに低いものに下げていく（自分で進んで行う前向きの妥協）ことです。

この結果、利害対象者のニーズが満足できるレベルになれば、利害対立は解消します。

また、利害対象者が頑固で自分の主張に固執するような場合は、「情報による誘導」

で対応します。情報による誘導とは、利害対立のある相手に、さまざまな情報を与え、相手の判断を変えるように誘導することです。

これには直接方式と諜報作戦（
↓29ページ
）方式の2つがあります。

NOと言う相手にはYESと言いたくなる情報を流し込む

たとえば、会社で新しい商品企画を通したい場合、反対しそうな部門の利害関係者がNOと言う状況を予想し、それをYESに誘導するような方法を使います。

直接本人に情報を伝える直接方式と第三者を通したり、社内で意図的に噂を流して本人の耳に入るようにする諜報作戦方式を使う場合がありますが、どちらも情報で相手のNOをYESに誘導する手段としては同じです。

NOと言う相手には、相手の主張のデメリット情報を伝え、当方の主張するメリット情報をたくさん与えていくのが効果的です。つまり、相手のNOという判断の根拠を覆させる新しい判断情報を教えるということです。

人の判断には根拠があります。その根拠をYESになるようにつくり変えるのです。たとえば、作業をお願いした相手の「忙しいからできない」という主張には「後になるともっと作業量が膨らむかもしれない」というデメリット情報や、「今対応しておけば、あなたの評価が高くなるのではないか」という具合に、「今やるからこそメリットがある」ような話をするのです。

当然、それだけではすぐにYESということにはならないかもしれません。しかし、相手に「なるほど、そうかもしれない」と思ってもらうことで、相手の判断が少しずつ変化する可能性があります。

人は複雑に利害を絡めて判断をしています。相手に情報を与えることで、相手はさまざまな判断材料を蓄積していきます。そして、どこかの時点で得た情報が着火点となり、あるとき判断が変わることがあるのです。

経理部の大下課長の事例ではどうでしょうか。大下課長は、今のままなら、正論で説得しても判断が変わらず反対し続ける可能性があります。なぜなら、コストカットありきな人なので（投資効果を明確にしても、実際にその効果が期待できるかどうかわからないなどの理由で、なかなかYESと言わないはず）、と先読みして、クリティカルチェックし、厳しめに結果を想定しておくほうがいいでしょう。

この利害調整の方法として、「納得してもらうためにさらに精度の高いコスト効果分析を行う」というのは得策ではありません。いくら詳しい効果分析を見せても、所詮予想で、本当にそうなるかの確証がないと返されるからです。

これでは時間ばかりかかり、いつまでたっても営業分析ツールは導入できません。導入できなければ、大田課長補佐は、上司の命令である「営業数字のアップ」を実現できないのです。この場合の利害調整の有効な搦め手は、営業部長、経理部長が出席する会議を開き、次のように経営面の課題解決策として主張することです

「営業成績を向上させるには、効果測定も大事だが、そもそもスピード感を持って新しいことをどんどん試すことが必要。そうでないと時間を浪費して試す時間がなくなる。それは、自社にとって将来の成長機会を逃すことになる。その経済的損失は、2億円以上に該当する。経営的視点で見れば、今回のケースは効果予測は簡易にとどめ、スピードアップで臨むことが、必要である」

経理部長がそれで合意すればよし、それでも反対される場合は、数の論理で攻めます。これがすでに説明した囲み攻め（↓30ページ）です。自分の味方になってくれる部長層に水を向けて利害関係者に仕立て、複数の部長で会議を開催して多数決に持ち込みます。

それでも通らないなら、次は役員を巻き込んで落とすことを考える水攻め（↓30ページ）という具合に手段を考えて勝てるまで粘ることが必要です。私は、基本的にこのような社内調整を行いますが、これで多くの新しい企画を前に進めることができました。

なお、大下経理課長が「部長の前に自分が判断する」と怒って、ダーティーな手段で事案をつぶしにくるかもしれません。その際は、こちらもダーク・マネジメントを使います。営業部長から経理部長に「将来の当社の成長に寄与する事案なので部長同士で決めましょう」などと言ってもらい、経理課長を無力化するような戦略（兵糧攻め、↓30ページ）をとる必要もあるでしょう。

経理部長が乗ってこない場合は、先ほど説明したように、部長会を開き、数の論理でOKをとりにいく作戦（囲み攻め）になります。

ただし、この場合、必要以上に経理課長を攻撃する必要はありません。ダーク・マネジメントで経理課長を「経営的判断ができないセンスのない課長」と責める（課報作戦、↓29ページ）こともできますが、経理課長はコストカットこそ正義と信じていて会社に損害を与えようと思っているわけではありません。

一番いいのは相手が気づかないように、無力化することです。これがダーク・マネジメントの正しい使い方なのです。

第2章

戦える部下になるように思考を改造する

部下掌握力

「働き方改革」時代の部下の育て方

「働き方改革」の目的は、無駄な作業を止め、効率的な仕事をして、その分余裕ができた時間を付加価値の高い仕事に回すということです。

無駄な作業とは、上司への説明に時間がかかる、社内調整に時間がかかる、新規企画を経営層に認めてもらうことに時間がかかる、などがあります。これら時間がかかる作業を劇的に削減する必要があり、それに必要なのが社内政治力であることはすでに説明しました。

働き方改革では、現場の部下に次の3つの問題が生じ、これらが部下を追い詰めます。

- 時間をかけずに高い品質のアウトプットを求められる。
- 付加価値の高い仕事で新しい事柄に取り組む必要がある。
- 新しいことを通すための社内調整の増加。

1つ目は、働き方改革では仕事に使う時間の考え方が変わります。残業時間がカットされ、現場では仕事にかけることができる時間が減りますが、「作業時間が減ったのでアウトプットの質が落ちました」では済まされません。

会社は「時間を削るのだから、多少仕事が粗くてもいい。スピード重視でいい」と言うかもしれませんが、現実はそう甘くはありません。「時間がかけられなかったので、この品質で仕方がない」ということにはならないのです。現場はアウトプットで評価されますので、アウトプットが悪ければ、やはり「限られた時間の中で質を上げろ」と言われるのは間違いありません。時間をかけずに高い品質のアウトプットを求められるのです。

2つ目は、付加価値の高い仕事が現場に与える影響です。こういった仕事は、これまでにない新しいことを伴います。新しいことなので、現場の部下の頭の中にはまだ存在しません。頭の中にないことを部下が一生懸命考えても、自力では考えつかないのです。

3つ目は社内調整の増加です。会社などの組織は、それまでやっていたことを止めて新しいことをやることに否定的な反応をする場合が多くあります。新しいことを社内に通して実現するには多くの障壁があり、乗り越えるには多くの困難が伴います。部下にこの障壁を乗り越える力がないと、仕事を前に進めることができなくなります。

では、これらの3点について社内政治力をどのように使えばいいのでしょうか？

部下に自由に仕事をさせるリーダーはチームを壊す

働き方改革自体は、個人的には生産性向上に寄与するのでよいことだと思います。

しかし、仕事の現場には重い負荷となります。部下を正しく指導できなければ、部下には精神面、肉体面で多くのストレスがかかり、追い詰めることになります。

このような状況で、リーダーがチームメンバーである部下の裁量に任せておけば、さまざまな障害に阻まれ、仕事がうまく進まなくなります。結果、部下のストレスが高まり、やる気をなくす者、反抗する者、リーダーに反目する者が出て、チームはバラバラになり、自滅していきます。

リーダーは責任を持って仕事を進める作戦、戦術を考え部下に徹底し、チーム一丸となって仕事にあたらなくてはなりません。

具体的には、「無駄な仕事をしない」「スピード重視で仕事をする」「他人の知恵を参考にする」「できるだけ他人の力を多く使う」などです。

これらは、本書で説明している社内政治力で習得できる内容です。

つまり、**働き方改革時代は、部下に「社内政治力」を身につけさせることが重要**なのです。

部下は今までやってきた仕事のやり方を大事にするため、新しい仕事のやり方、つまり「社内政治力」を使いたくないと考えるかもしれませんし、自由に仕事をさせてほしいと言うかもしれません。しかしそれでは、これからの時代は成果を出すことが難しくなってきます。

ですから、**部下に自由に仕事をさせてはいけません。**リーダーが徹底的に戦略を考え、それを部下たちと共有し、部下を育て、チームで均質な仕事ができること、これが重要なのです。

知識の再構成が成長を促進させる

リーダーに求められることは、チームメンバーである部下の能力を見極め、足りない能力を身につけさせることです。

これまでやってきたことで、今後も使えるものはあるでしょう。大事なのは、今まで身につけたものを一旦《いったん》振り返り、①そのまま使えるもの、②修正が必要なもの、③新しく身につけるべきものに整理し、部下と認識を合わせることです。

「知識をラーン（Learn=学習）し、リラーン（Re-Learn=再学習）し、アンラーン（Un-Learn=脱学習）することが知識管理の大前提である」というドラッカーの言葉があります。これは、人の知識は絶えず再構成をする必要があることを意味しています。

社内政治力を持つためには、日々の仕事を漠然とこなすのではなく、明確に「仕事で何をしたいのか、そのためにどのように政治力を身につけたいのか、どの人をロールモデルにするのか」などを考えて目標設定し、自分に何が足りないのかを考え、差分能力を身につけていくことが必要です。

知識の再構成の概念図

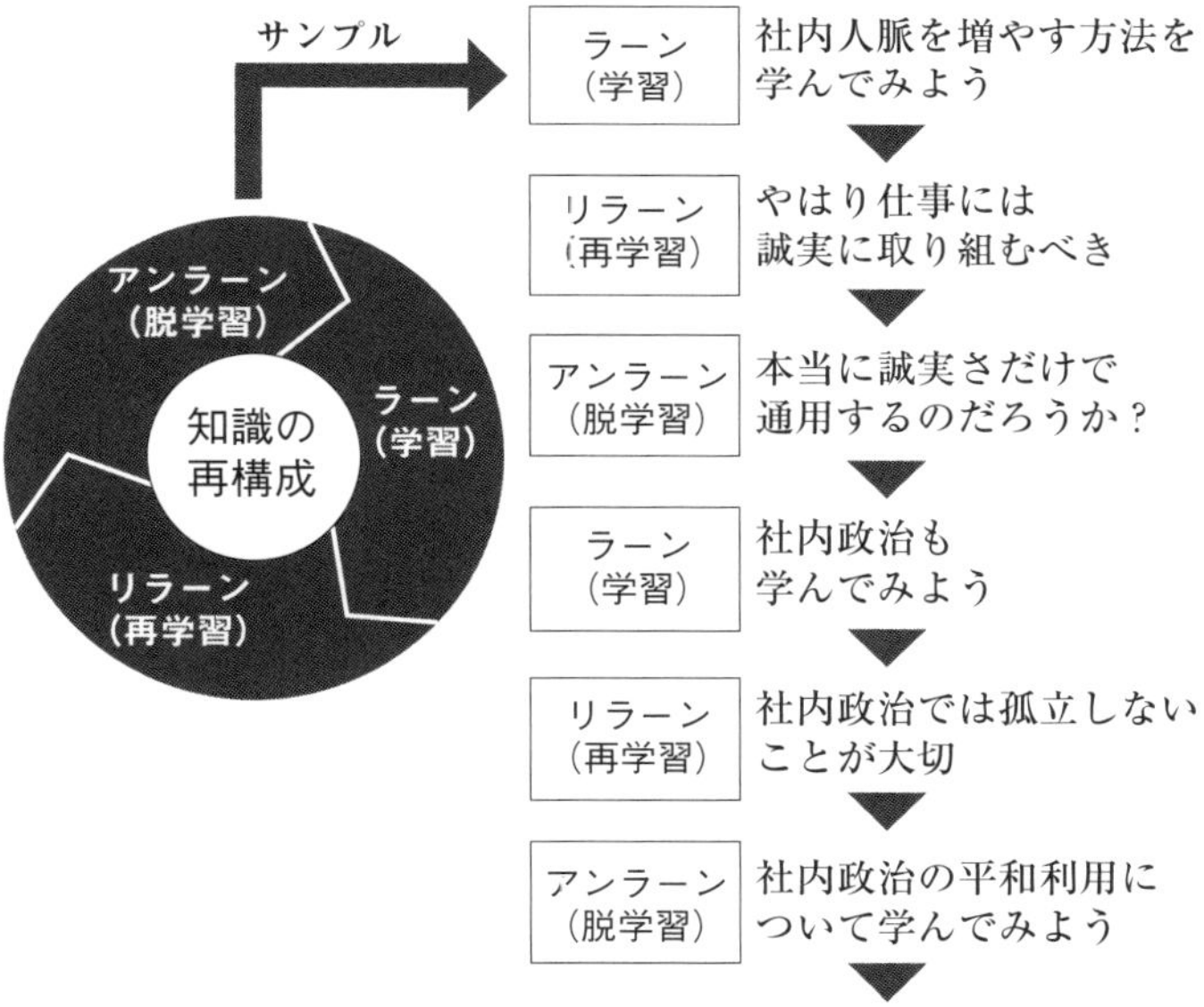

そこには、今まで自分の考え、知識を捨て、新しいものを取り入れることが必要になってきます。これを「ラーン（学習）」「リラーン（再学習）」「アンラーン（脱学習）」による「知識の再構成」と呼びます。

人はある方法で何かを成功させると成功体験が生まれ、以降この方法を繰り返す傾向がありますが、その方法がすでにベストであるとは限りません。

絶えず古いものを捨て、新しい方法を身につけ続ける必要があるのです。

そこで、「働き方改革時代に強いチーム」は、軍隊が兵士を訓練するようにやや荒っぽいやり方で行うことが大切だと私は思っています。

あえて時代に逆行した軍隊式チームづくり

戦いの場においては兵士が個々の判断で動いていては成果を上げることができないだけでなく、全滅するリスクもあります。

これを避けるために、リーダーと部下で構成されるチームは、軍隊さながらの統制を持って作戦を遂行する必要があります。

私は「働き方改革」が叫ばれる前より、自社においてこのような「仕事を早くする」チーム運営を実施してきました。そんな時代に強い「仕事を早くするチーム」を組織するために、部下に対してなすべき重要なことは5つあります。

- 自分の頭で考えさせず、最初から答えを教える。
- 部下を自分のコピーロボットにする。
- 部下をルールでがんじがらめにする。
- 手取り足取りダメ出し教育の徹底。
- 部下の思想までコントロールする。

こう書くと、強烈な印象を受けるかもしれませんが、これら5つは特に何の変哲もない仕事に必要な基本マネジメントです。次項から、それぞれを掘り下げて解説します。

私のチームでは3つ目の「ルール」に特徴があります。会議をうまく進める手法に「ファシリテーション」があり、そこでは「グランドルール」というベースとなるルールがあります。たとえば「他人の意見を否定しない」「発言を歓迎する」などが守るべきものとして決められています。「仕事上のルール」もこれと同じ意義を持ちます。

ルールは簡単なもの（「提案は結論、理由、証拠の3つをセットで」など）から難しいもの（「交渉は時間の使い方を工夫せよ」など）まで500くらいありますが、よく使う基本的なものは100くらいです。

スキル習得サイクルの概念図

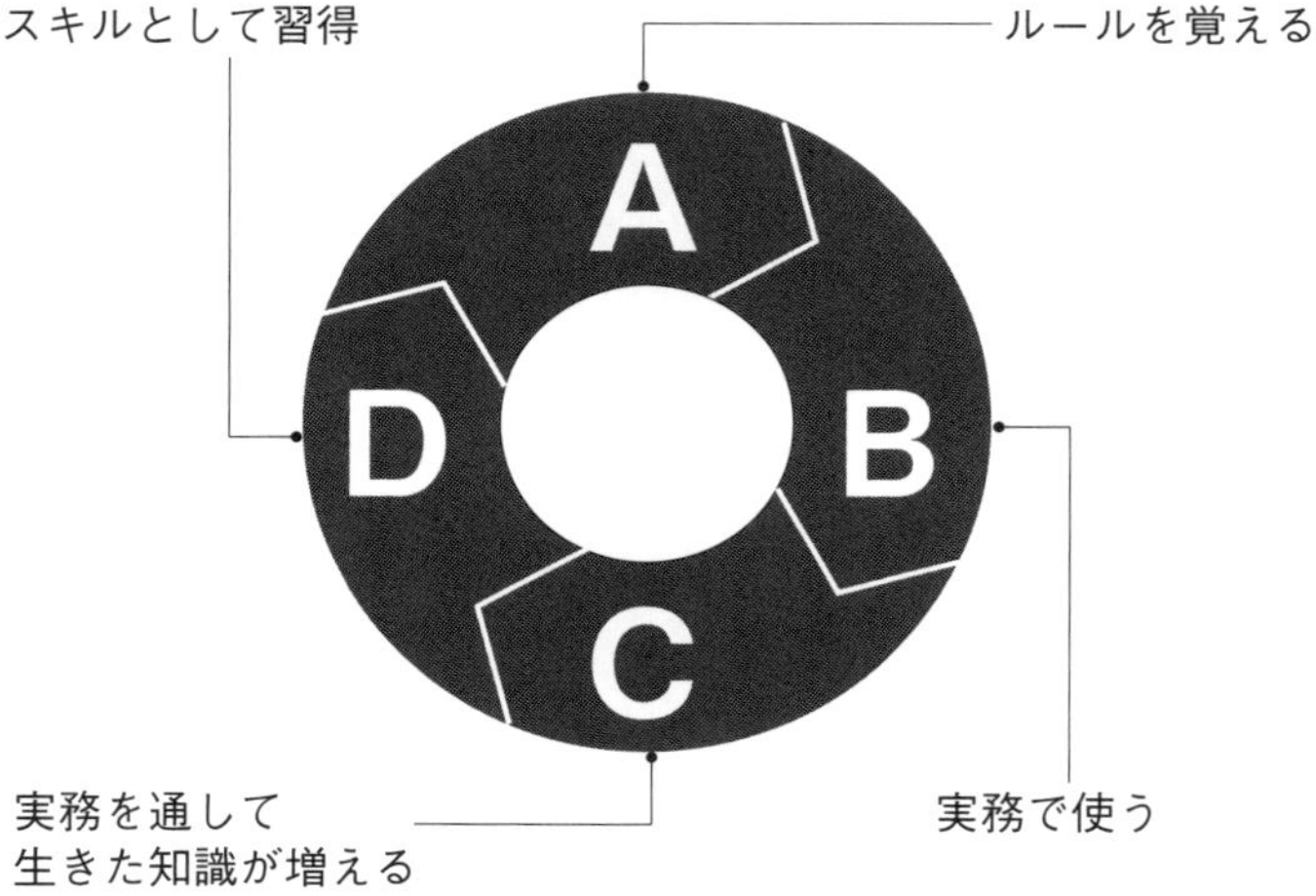

部下の中にスキルが蓄積される。

A「ルールを覚え」、B「実務で使う」ことによって、C「知識が増え、それを実務で試して」うまくいくと、D「スキルとして習得でき部下の中に蓄積」されます。

このようなA→B→C→Dの「スキル習得サイクル」をどれだけ繰り返せるかで、人の能力向上のスピードが変わります。

①~⑤について、それぞれ順番に解説しましょう。

自分の頭で考えさせず、最初から答えを教える

これは部下の裁量にゆだねず、リーダー自身で作戦を考え、部下を自由自在に動かすということです。

リーダーは部下の自主性、裁量に任せて仕事を進めるのではなく、進め方、作戦を自ら考え、部下に説明し、それに応じて行動することを部下に徹底しておく必要があります。

そして部下の行動、全体の状況を絶えず把握し作戦がうまくいっているか、問題が生じていないかを評価し問題があれば修正をする必要がありますが、これには大きく2つの意味があります。

1つ目は、成果を出せるように上司が作戦を考えて、その通りに部下が実行していくほうが効率的ということです。人によっては「部下に考えさせて、やらせてみて、失敗させて、その都度上司が修正して紆余《うよ》曲折《きょくせつ》の結果成果を上げさせ、身体で覚えさせる」ことが大事だと言う人がいます。これは時間がたっぷりある時代には正しかっ

たと思います。

　しかし、スピードが要求され、人手が少ない、部下の指導時間に余裕がない今の時代には非効率です。

　私も10年以上前はこのような仕事のやり方をしていましたが、今現在、要求されるスピードは以前の5分の1くらいになっており、当時のような余裕を持った指導はできなくなりました。

　特に、部下にとって新しい概念や技術を伴う仕事の場合、自力で新しい知識を身につけるには時間がかかります。そこで効率化のために、最初から部下に最善の答えを与え、それをそのままコピーできるように指導します。

　私はかつて部下に「自分で考えてくれよ」と言って、部下の答えが出るまでいつまでも待つような指導をしていましたが、その方法ではあまり成果は出ず、部下の不満も募りました。

　部下にとって新しいことはいくら時間をかけて考えても正解が出ないからです。だったら考える時間が無駄になります（当然、すべて無駄ではないでしょうが）。

　このため、**5年くらい前からは「自分で考えてくれよ」とはあまり言わず、「正解**

を覚えてくれよ」と言いながら、**仕事をうまく進める考え方、定石のようなものを最初から部下に提示する**ようにしました。この指導法に変更してから部下の仕事の時間が短くなり、部下の能力は上がりました。これは、いわばお手本を見せることでそれをそのまま真似させる指導法です。

この「見本指導法」はスポーツの指導からヒントを得ています。たとえば、テニスやゴルフなどの指導では、良いスイングをコーチが見せて真似させます。コーチが選手に「自分で考えて最良のスイングをやってみなさい」と言っても、いくら時間をかけてもその選手のスイングが自力でプロ並みにうまくなることはないでしょう。うまくいく、合理的なスイングをコーチがまず見せ、なぜ良いのかを理由とともに説明し、選手がそれを真似して体得していくのが早道です。

仕事も同じです。

上司が最善のやり方を提示し、それを部下が真似て体得することが、能力向上の早道なのです。

部下を自分のコピーロボットにする

コピーロボットというと聞こえは悪いかもしれませんが、要は短い期間でも放っておかず、報告、相談、連絡を密にすることを意味します。

たとえば、新しいこと、新しい概念を必要とする仕事では部下は思うように動いてくれないと考えるべきです。

それは、部下の頭の中に正しい答えがなく、正解を出すことができないからです。できるだけ具体的に指示しないと上司のイメージしたアウトプットには至りません。上司と部下の仕事の完成イメージを合わせるには、毎日何回も会話するしかありません。

すると、次第に仕事の完成イメージが合うようになってきます。

一緒に完成させた仕事を増やすことで、上司と部下の完成イメージは一致しやすくなります。こうなると、上司は部下に細かい指示、指導をすることが少なくなり、その分部下の仕事が早くなり、仕事が効率化します。

部下をルールでがんじがらめにする

チームで効率的な仕事を行うためには、リーダーである上司とメンバーである部下の間で「仕事上のルール」を共有しなくてはなりません。チームをつくるということは、人を集め目標（ビジョン）やミッション（仕事上の使命）を理解し、日々の作業や企画、行動、意思決定に反映するということです。これはリーダーだけでなく、部下メンバー全員がビジョンやミッションを共有化し、日々の行動において同じ価値判断で行動できるようにするということです。

このために必要なのが「ルール」なのです。ルールがなければ、部下は自分の判断で好き勝手に行動することになり、組織的な力が発揮できません。

仕事のルールとは、仕事をうまく進めるためのノウハウ集です。

たとえば、「文章の書き方は主張と理由をセットにする」「無駄な修飾語は使わない」「報告は結論から」「問題は事象と影響と解決策をセットで説明する」などです。

これをチーム内では誰でも知っているルールとして部下と順守を約束するのです。ルールがないと、上司が注意しても部下は自分の仕事の何が悪いのか納得できません。あらかじめルールを決めておくことで、部下は指摘を受け入れるのです。

このようにルール集をつくり、順守させることで、部下の知識、ノウハウ、スキルは効率的に向上していきます。

手取り足取りダメ出し教育の徹底

仕事のルール集があったとしても、常に新しい仕事のやり方が必要になり、追加で部下に指導する必要が出てきます。

この場合は、部下の考えの何が悪いのか、何が良いのかをできるだけわかりやすく説明して納得させなければなりません。「その考えは、こういうケースで問題がある、だからやめたほうがよい」という具合に、具体的に何に問題があるのか、どんな問題が起こりそうかをわかりやすく説明します。

これをしないと、部下は何が良くて、何が悪いのかわからないので、次回以降改善できません。

部下の思想までコントロールする

これが一番大事ですが、思想を持って仕事を考えるということです。まるで洗脳を肯定するかのように感じられるかもしれませんが、思想を持たない、あるいは共有できていないと、毎回細部まで部下に指示しない限り仕事が進みません。

たとえば、提案書を部下に書かせる場合、思想を持っていないとすべてに指示が必要になってしまいます。訴求力を持った言葉はどう書くのか、文字の大きさや、わかりやすさはどうするのか。こんなことをすべて指示していたらリーダーは破綻します。

そうではなく、常に「お客様はどうしたら読んでくれるのか」「わかりやすい文章とは何か」「見やすい文字の大きさはどれくらいか」ということを考えてもらうようにしなければなりません。

ある家電メーカーC社で新しい家電商品を開発して若者向けに提供する検討を行うことになりました。上司は担当の清水氏に検討を指示しました。

清水氏は困りました。なぜなら、特に若者向けの家電製品にこだわりがなかったので、何を企画すればよいのかわからなかったのです。

そこで、いろいろな同僚、上司、上長に考え、意見を聞いてみることにしました。ある課長は、ネット通販で若者専用家電を投入することがよいのではないかと言いました。だから、その観点を企画に盛り込むことにしました。

また、ある上長は若者の集まる街の人気セレクトショップを販路にすべきと言いました。そこで清水氏はこれも納得できると思い、その販路を企画に盛り込むことにしました。ある同僚はCMが重要、ある後輩は口コミが重要と言いました。それを全部企画に盛り込むことにしました。

そこまで終わると、清水氏は部長クラスの意見を聞こうと企画書を持って聞いてまわりました。ある部長は若者向けには何でもできる多機能をコンセプトにすべきと言い、別の部長は今の若者はシンプルでセンスのよいデザインを重視すべ

――きと言いました。

清水氏の企画はどうなったか。清水氏の企画ではC社の意思決定者たちを納得させることはできませんでした。なぜなら、清水氏の企画書の骨子は、「シンプルでセンスのよいデザインだけど多機能な家電商品を、ネットでも、セレクトショップでも提供する。PRはテレビCM、雑誌コラボ、SNSで行う」という、何の変哲もない、ありきたりな企画になってしまったからです。清水氏の仕事は何が問題だったか。それは清水氏に「思想がなかった」ことです。

清水氏は上司や上長の意見を聞いてつなぎ合わせたに過ぎず、自分で調査し、自分の中での「考え、コンセプト、主義」に昇華させていないのです。

これが、「仕事における思想がない」の例です。仕事を成功させるなら、仕事のことを徹底的に考え、さまざまな情報を収集したうえで、「仕事における思想、志」を構築し、それを自分の中に持つことが必要なのです。

ルールで縛ることで1週間もかかった仕事が3時間で

ルールはリーダーがつくるべきです。

まず、組織の目標やミッション、部下育成方針などを考え、チームにどのようなマインドセット（考え方、価値判断）、スキルセット（技能、ノウハウ）を付与するかを考え、ルールをつくります。ルールは、チェックリストにしたり、格言にしたり、文書ひな形にし、これをメンバーが誰でも参照できるようにします。

ルールを決めたら、それを部下メンバーに徹底させ、運営しますが、ルールは一度つくったら終わりではなく必要に応じて見直します。

ルールは根気よく周知させないといけません。数回の指導だけでは、部下はルールを忘れ、守れないことが多いからです。決めたルールを徹底するためには、何回でも、いつまでも言い続けなくてはなりません。これができずに、数回であきらめるとチームは何も変わらず、部下メンバーを育成することができません。

ルールを徹底するためには、最初に「ルールを守ってほしい」「守らないと注意する」

と宣言すべきです。それまで言われていなかったことで注意されると人は反発して納得しないものです。それではチームとして成長できません。

また、ルール自体の合理性、合目的性、効果を部下が納得していなければルールが守られることはありません。人は納得できないことを心の底から信頼できないし、行動に移せないのです。リーダーは作成し、運営していくルールについて部下を納得させる義務があります。

私が使っているルールの一部を紹介します。これらは、本書の巻末に付録として『チームマネジメントのルール』のサンプル」を掲載しておくので参考にして、ぜひ自分とチームのルールをつくってみてください。

仕事を早くするルール集

「基本行動」8ルール　「考え方」7ルール　「依頼する」7ルール
「教える」10ルール　「叱る」9ルール　「ファシリテーション」10ルール」
「マネジメント」9ルール　「ディスカッション」9ルール
「褒める」7ルール

私のチームでは、事務所のフロアにオープンスペースを設け、そこでプロジェクターを使ったオープンミーティングを行って重要な仕事の進め方、資料作成を実施しています。その場には、仕事の種類によって関係する部下メンバーと私が集まり、大阪や東京の別の事務所のメンバーは社内用トークアプリで参加します。

関係するメンバーが集まって仕事の作戦を考えたり、資料を作成し、上司と部下、その下の部下間の情報連携と資料修正の無駄なやりとり、やり直しを発生させないようにしています。原則1回の作業で役員、社長、外部向けの資料を完成するようにしているので、部下メンバーからは「早く、楽になった」と評判がいいようです。

以前は1週間程度かかっていた資料作成も、この方法にしてからは3時間くらいで完了するのでとても効率的になりました。メンバーは資料の作成ポイントをルールを通して学び、指導を受け、習得することができます。

ただし、どの案件も同じように集まっているわけではありません。2回目以降に同じような仕事や資料が必要な場合は、部下が単独で作成するので一緒に集まる必要はなく、また部下はすでにルールを習得しているので、3時間で完全な資料が作成でき効率的です。

パワハラ未満の部下の追い込み方

私が経験したルールを使ったチーム運営の事例を紹介します。

この部下は岡田といいます。現在、連結対象戦略子会社の営業企画部長として高い影響力を持っていますが、最初に私の部下になったころは、知識、スキルとも不足している状況でした。

岡田が部下になったそのころ、私はリーダーとして、他の企業に自社商品を供給するチームを組成し、商品提案をしていました。私は部下になった岡田に、提案資料作成を命じました。しかし、1日たっても何も出てきません。そこで、どんな内容にするか確認したところ……。

「岡田、提案資料の構成だけど、どう考えている？」

「今、考えているところですよ。もう少し待ってほしいんですが。今、資料調べているんですよ」
「そうか。それはいいけど、具体的にどういうページ構成にするの？」
「そうですね。まず、目次があって、次に挨拶があって、次に商品説明があって……商品説明は、訴求力がある感じで色も綺麗にして」

このように、岡田の話は具体的ではない、抽象的な話ばかりです。岡田は商品提案の経験はありませんでした。だから商品提案書が自力で書けないことはわかっていました。

しかし、岡田は時間をもらえれば書けるといって頑《かたく》なでした。

このままでは時間がかかるだけで岡田の仕事は終わりません。そこで、私は少し圧力をかけることにしました。

現在ではパワハラと言われるかもしれませんが、これは上司として部下を追い込むことが必要だと思ったからです。

岡田は、今までの経験からこの新しい仕事を解決しようとしていました。しかし、新しい仕事は岡田のこれまで経験では解決できないものでした。岡田は、まさにラーンして、リラーンする必要があったのです。

「岡田、抽象的な話はいいよ。僕は具体的に聞きたいんだ。目次の中身を今からホワイトボードに書いてくれないか。今、思っていることでいいから。1日考えたんだから、何か書けるでしょう。具体的な商品説明を書いてよ。訴求力を持つ言葉かどうかチェックするから」

「それは、まだですね。資料に落としてから見てもらいますよ」

「ダメだよ。今の君の頭の中を見たい。今ここで書いてよ」

「もう少し待ってほしいって言っているじゃないですか」

「ダメだよ。君の言うことは抽象的なんだよ……いいか、人間は、脳でイメージしたことしか実現できない。イメージが抽象的なら、アウトプットも抽象的なものになるんだ。だから、このまま君に任せると、出てきたものをまた大幅に修正しなくてはならないんだ。だから目次を書いて、ホラ」（ホワイトボードマーカーを渡す）

「はい……」（すごすごホワイトボードのところに行くが、考え込んでいる）

「なぜ書けないの？」

「どんなものを書いていいのか……」

「そうか。では、考えてみよう。商品を売り込む相手は誰なの？　誰をターゲットにするの？」

「それは、権限がある、販売企画みたいなところの人ではないでしょうか？」

「抽象的な表現だな。具体的に考えようよ。それは、誰なの？」

「わかりません」

「では、どうすればわかる？　具体的には？」

「そうですね。同業の取引先に聞いてみましょうか？　大学時代の同級生がいますので、人脈をたどりましょうか？　もしたどれたら、資料の構成なんかも聞けるかもしれませんね」

「それは具体的でいい。じゃあ、今から動いて明日のこの時間に打ち合わせをしよう。時間がなくてもそれで終わり。1日で終わりだよ。岡田、仕事は時間を切らなければ意味がない。『仕事があって時間がどれくらいかかる』のではなく、時間が決まっていて仕事のやり方を決めるんだ。そうでなければ、仕事の時間を計算することはできないんだよ。それから、今後、抽象的な発言は禁止だ。抽象的に考えているうちは、仕事は進まない。抽象的なことしか言えないのは、理解が浅いんだ。自分の意見を言うとき、議論をするときは具体的に考えなければならない。それが、仕事の質を決めるんだ」

私は岡田にこのように話をしました。このとき岡田には「抽象的でなく具体的に考える」ということと、「まず時間があって、それに合う仕事のやり方を考える」という2つのことを伝えました。

ルールが習慣を変える

岡田はすぐには仕事ができるようにはなりませんでした。しかし、その後少しずつ行動は変わっていきました。少なくとも「具体的に考えなくてはならない」「まず時間があって、その時間でどこまでアウトプットするか」の２つは私と岡田との間の「ルール」となりました。

つまり、「何が良い」「何が悪い」という尺度をルールとして理解してもらったのです。部下が仕事を具体的に考える必要があるのと同様に、上司の指導もまた具体的でなければなりません。抽象的な指導として「君の仕事はまだまだだな。もっとがんばれ」とか、「何をやっているんだ。よく考えろ」ではダメなのです。具体的に何が良くて何がダメなのかを部下に理解させなくてはなりません。それをルールという形で、私と部下の岡田は共有するようにしていたのです。

ルールを守るうちに、正しい行動ができるようになり、それは習慣になります。ルールをつくって上司と部下で共有することとは、部下の仕事の行動習慣を変えることなのです。習慣を変えるためには、会うたび、顔を付き合わせるたびに、上司と部下の間のルールを徹底し続けること、これが大事なのです。

岡田は数年間ルールを学び、スキルを身につけ、３年後くらいから他部門にも名前が知れるようになり、その後大きなプロジェクトで私のサブリーダーを務めた後、戦略子会社に出向し、今では営業企画部長に出世しました。

攻撃的な部下の性格を矯正する方法

チームを組成し、運営していくために、リーダーは強いリーダーシップを発揮していく必要があります。部下メンバーに絶対的な力を見せて納得させないと、チームの統制が弱まり、言うことを聞かない部下が好き勝手に動いて、社内政治力を弱める原因にもなりかねません。

そこで、リーダーにはさまざまな部下を抑え、言うことを聞かせるマネジメント力が必要になってきます。

では、「言うことを聞かない部下」をどのようにマネジメントすべきなのか、それを事例で説明しましょう。

会社にはさまざまな性格、バックグラウンドを持つ人間がいます。その人物が坂本でした。彼は入社10年目でした。坂本が部下として異動してきてすぐに坂本の問題が明らかになってきました。

坂本は、癖のある人間でした。頭の回転はいいのですが、人を小馬鹿にするような言動があり、私や他のメンバーの言うことにいちいち反論をするのです。反論自体はかまわないのですが、反論自体が論理的ではなく、自意識過剰な主張なのです。自分の能力以上に仕事ができると思い込んでいる感じで、典型的な困った部下でした。

坂本は、このような性格だったので、これまで多くの上司や同僚から変なヤツと思われ、好かれていませんでした。私は、頭がいいのにもったいない。ちょっと改造しないといけないと思ったのです。そこで、私は一計を案じることにし、タイミングを待っていました。

あるとき、坂本に作成を指示した提案書をチェックし、問題箇所の修正を命じました。

「坂本、この『貴方の営業ご担当者様が販売活動をしやすいように工夫していますʼ という表現は、意味不明じゃないか。意味がわからないから先方へのアピールになってないと思う。ここは、具体的な事例を使って修正すべきだ」

「いや、ここはこれでいいんですよ。この文章はあえて抽象的でいいんです。い

郵便はがき

料金受取人払郵便

牛込局承認

4010

差出有効期限
平成32年5月
31日まで

162-8790

東京都新宿区揚場町2-18
白宝ビル5F

フォレスト出版株式会社
愛読者カード係

フリガナ お名前	年齢　　　　歳 性別（ 男・女 ）
ご住所 〒 ☎　（　　）　FAX　（　　）	
ご職業	役職
ご勤務先または学校名	
Eメールアドレス メールによる新刊案内をお送り致します。ご希望されない場合は空欄のままで結構です。	

フォレスト出版の情報はhttp://www.forestpub.co.jpまで!

フォレスト出版　愛読者カード

ご購読ありがとうございます。今後の出版物の資料とさせていただきますので、下記の設問にお答えください。ご協力をお願い申し上げます。

● ご購入図書名　「　　　　　　　　　　　」

● お買い上げ書店名「　　　　　　　　　　」書店

● お買い求めの動機は?

1. 著者が好きだから　　2. タイトルが気に入って
3. 装丁がよかったから　　4. 人にすすめられて
5. 新聞・雑誌の広告で（掲載誌誌名　　　　　　）
6. その他（　　　　　　　　　　　）

● ご購読されている新聞・雑誌・Webサイトは?

（　　　　　　　　　　　　　　　　　　）

● よく利用するSNSは?（複数回答可）

☐ Facebook　☐ Twitter　☐ LINE　☐ その他（　　　　）

● お読みになりたい著者、テーマ等を具体的にお聞かせください。

（　　　　　　　　　　　　　　　　　　）

● 本書についてのご意見・ご感想をお聞かせください。

● ご意見・ご感想をWebサイト・広告等に掲載させていただいてもよろしいでしょうか?

☐ YES　☐ NO　☐ 匿名であればYES

ろいろ、イメージを膨らませてもらう効果を狙っています」

「ダメだよ。それでは適当な提案と思われてしまう。もっと、訴求力を持たせなきゃ。それには、具体的に書いたほうがいい」

「なんで、そう言い切れるんですか？　絶対に正しいと言えるんですか。なら、修正しますけど」

「そういう問題じゃないだろ。君が自主的に変えなきゃ意味ないだろ。納得して変えなきゃ、何もならないだろ」

「自分的には、これでいいと思うんですよ。でも、修正しろというなら、修正しますよ。私は、部下ですしね」

「嫌な言い方だな。まあ、わかった。じゃあいいよ。もう言わない。俺はチェックしないから、次長と部長に見せてきなさい」

「そうですか。じゃ、そうさせてもらいます」

坂本は、いつもこんな感じでした。彼の場合は、厳しく言えば言うほど反抗し、言うことを聞かないタイプなので、反抗させない工夫をしなくてはならないと思いました。

あまり使いたくはなかったのですが、今のままではチーム全体に悪影響が及ぶので、私はダーク・マネジメントを駆使し、「ある仕掛け」を施しました。私の言うことを聞かなかった坂本を、次長と部長のところに行かせ、私はあえて、その場には同席しませんでした。

ダーク・マネジメントで生意気な部下を手懐ける

その後の顚末《てんまつ》です。

夕方、会議から戻ってきた私は、自席でうなだれている坂本を見ました。近づいていくと彼は私を見上げました。

「どうした坂本、次長、部長はＯＫか？」

「次長も部長も『こんなのわからん』と怒ってしまいました。『もうお前の話は聞かない』と言われました」

「そうなの、なんて言われた？」

「２人とも芦屋さんと同じことを言っていました」

「思うところは同じなんだね。それで、修正して説明したの？」

「何回持っていってもＯＫが出ないんです」

「そうか、大変だな」

「最後には、芦屋がＯＫを出さないと見ないと言われました」

「ふーん。でも、君は僕の言うことは聞かないじゃん。言うこと聞けないヤツに指導する気はないよ」

「いや、そう言わずに……お願いしたいのですが」

「勘弁してよ」

「すみませんでした」

「わかったよ。うまくいくかわからないけど修正してみようか。それで、２人で次長と部長に説明しよう」

　このような感じで坂本に資料修正をさせました。そして、次長と部長に資料を見せると、一発でＯＫが出たのです。意気消沈していた坂本は、嬉しそうに笑顔を見せました。ほっとしたのでしょう。生意気な表情はありませんでした。

これ以降、坂本は私の言うことを素直に聞くようになりました。あんなに生意気だった坂本が、なぜ私の言うことを聞くのか、周囲は不思議がりました。それは、私がダーク・マネジメントを使ったからです。次長と部長には、坂本の性格、悪いところを説明し、口裏を合わせていただきました。

もちろん、「次長と部長が良い資料だと納得できればＯＫを出してください」と言っておきましたが、坂本にはそこまでの力はありません。だから、最初から次長と部長からＯＫが出ないことはわかっていました。そこで、次長と部長の力を借りて、私を通さないと次長、部長には通らないことを坂本に身を持って理解させたのです。

自意識過剰で言うことを聞かない部下にこの方法はよく効きます。

これは部下向けにダーク・マネジメント（水攻め、↓30ページ）を使って言うこと聞かせる事例ですが、パワーハラスメントではないかと批判を受ける可能性があり、あまり使いたくはない手です。

しかし、会社の仕事をチームで行う以上、必要な場合があります。このような場合、リーダーは非情になって、ダーク・マネジメントを使ってでも部下に言うことを聞かせる必要があるのです。

なお、事例の坂本は、その後徐々にマイルドな性格になり、現在では関係部門の課長として影響力を発揮しています。もともと力のある人間だったので、ダーク・マネジメントを使って性格面の改善ができたことは、本人にとっても意味があったと思っています。

第3章

やっかいな上司を丸め込み、時に失脚させる方法

上司懐柔力

上司のやる気を失わせるネガティブ特性

　部下にとって上司は厄介な存在でしょう。仕事を進めるうえで承認をとらなければならないですし、自分の仕事のやり方に反対したり、忙しいときに面倒な仕事を指示するなど、仕事のあれこれに障害となる面倒な人と思うかもしれません。

しかし、社内政治の観点からは、上司は戦略、戦術面で、とても重要な存在です。特に自分の直上司（自分のすぐ上の上司）については、比較的容易に動いてもらうことができますので、直上司の「影響力」「情報」「社内、社外人脈」や、「社内政治力」はとても貴重な力といえるでしょう。

　直上司の持つさまざまな政治的資源は自分の政治力として使える有難いものであり、これを自分の政治力にどれだけ生かせるかが重要になってきます。だからこそ、直上司との関係は良好に保つ必要があり、対立は避け、同盟関係を維持することが大切です。

　味方につけるための第一歩は、上司が好む行動を行い、嫌う行動はしないことですが、まずは、嫌う行動を徹底的にやらないようにすることです。人は好きになるよりも、嫌いになるほうが早いからです。

一般に上司が嫌うのは次のような行動で、これを私は仕事における「ネガティブ特性」と呼んでいます。**上司に好かれるためには、ネガティブ特性を排除し、カッコ内に書いている「ポジティブ特性」に変える必要があります。**

仕事におけるネガティブ特性（ポジティブ特性）の例

- 仕事が遅い（仕事が早い）
- 話（説明）が長い（話が簡潔）
- 説得力がない（説得力がある）
- 主体性がない（主体性がある）
- 表面的である（具体的である）
- 言い訳が多い（言い訳しない）
- 考えずに行動する（考えて行動できる）
- 段取りが悪い（段取りが完璧）
- 自分本位（他人の立場を配慮できる）

・言うことを聞かない（柔軟に聞ける）

なぜ、上司はネガティブ特性を嫌い、ポジティブ特性を好むのかを考えてみましょう。それはネガティブ特性が「仕事が成功しない」原因になるからです。

上司は部下を使って多くの仕事を成功させたいと考えて行動します。

しかし部下にネガティブ特性があると、部下を信頼することができず、次第に部下のために何かをやってやろうという気持ちがなくなってきます。こうなると、部下がいくら上司の力を借りたいと思ってもうまくいかないでしょう。

上司を利用するための価値提供

ネガティブ特性をポジティブ特性に変えることができれば、次のステップに移ります。

次に上司が好むものを把握し、それを提供することで、良好な関係を維持できるようにします。

これを私は、「行動のインセンティブ」と呼びます。インセンティブとは報酬のことで、上司が好むものがインセンティブです。部下がインセンティブを示し、上司を動かすのです。

上司を動かすためのインセンティブには、何が該当するでしょうか。いろいろあると思いますが、一般には上司が必要な「情報、専門分野の知見、社内・社外人脈」などです。これを私は「上司への提供価値」と呼びます。

上司への提供価値

- 上司にとって価値ある情報
- 上司にとって価値のある専門分野の知見・ノウハウ
- 上司にとって価値のある社内・社外人脈

会社で働く人は、自分の仕事を成功させて評価されたい、上のポジションに昇格したい、という欲望に動機づけられています。上の地位に上がるほうが給与や賞与が多くもらえたり、出張でもランクの高いホテルに泊まれるなど、優遇されるからです。

こうやって会社は、社員をがんばらせる動機づけをします。

この流れの中で上司はさらに高いポジションに上がりたいという動機を持ち、部下には仕事を成功させるに足る能力を求めます。

もちろん、新人や若い部下にはそこまでは求めませんが、中堅、管理職、リーダーには、仕事を進めていける力と上司をサポートする「情報、専門分野の知見、人脈」などの提供を求めます。

上司は、部下から提供されるものの価値が高いほど部下を信頼し、頼るようになり、部下のために力になろうと考えるものです。したがって、上司に提供する素材の価値を認めてもらうことが、上司との良好な関係を維持する＝上司を味方につける方法になります。

ただし、提供する価値は、どの上司にも同じように効果があるわけではありません。上司の性格、行動特性、価値判断の傾向、何が好きか、嫌いか、などで異なります。

たとえば、「自分で全部決めたい」タイプの上司に部下が「このやり方が最良なのでこれで進めます」と言ってもうまくいきません。

こういう上司には、「3つアイデアを出しましたが、どの方向でいくのがいいと思われますか？」という言い方が喜ばれますし、保守的で革新的なアイデアを好まない上司に「こんな新しい技術があって、他社で導入し、成功しているのでうちでもやってはどうでしょうか？」と言っても、否定的な意見を出されるだけで評価されることはないでしょう。

上司に価値を提供する場合は、上司の「タイプ」を見極めて、その特性に合わせた価値提供を行う必要があるのです。

上司の4タイプと攻略法

上司の性格、行動特性、価値判断の傾向、何が好きか、嫌いか、を理解することは、上司をうまく使う＝良い意味で「操る」ためには欠かせないことです。

これは上司と仕事を一緒にする中で、コミュニケーションを通して情報収集し、蓄積していくことが基本です。しかし、それでは時間もかかりますので、私は上司を4

つのタイプにざっくり分類し、その特性に合わせ、価値を提供するようにしています。

4つの分類は、縦2軸、横2軸の4象限で、縦軸には「仕事の能力（高い、あまり高くない）」、横軸には、行動特性（積極的・革新的、保守的・保身的）をとります。

この4象限のそれぞれを、

①俺が決める型
②俺を支えろ型
③現状維持志向型
④リスク嫌い型

と名づけています。

当然、すべての上司をこの4つで分類することはできませんし、①と②が共存したり（自分が強い専門分野は①だが、弱い分野は②など）や④と②が共存する（普段は④だが、昇格時期が近くなると一時的に②に変わるなど）場合もありますが、ここではラフに分類することで、上司の型ごとに対応を変えることが効果的であることを説明します。

上司の典型的な４つの型

仕事の能力	行動特性：積極的・革新的	行動特性：保守的・保身的
高い	**①俺が決める型** ・積極的に仕事を行う。勝つことが好き、負けが嫌い。自分の能力を生かし、勝負していく。 ・勝つために役に立つ部下、社内・社外人脈を好む。 ・勝つための情報、負けないため情報を好む。	**③現状維持型** ・仕事は保守・保身的。勝つことよりも負けない、現状維持を好む。自分の能力を保守に使う。 ・負けない、現状維持のために役に立つ部下を好む。 ・負けない、現状維持のための情報を好む。
あまり高くない	**②俺を支えろ型** ・積極的だが、能力に課題あり。勝つことが好き、負けが嫌いだが、自分の能力だけでなく、他人の能力を必要としている。 ・勝つために役に立つ部下、社内・社外人脈を好む。 ・勝つための情報、負けないため情報を好む。	**④リスク嫌い型** ・保守的で能力も高くない。どちらかというと今の状況を維持することを好む。新しいこと、リスキーなことはやりたくないと思っている。 ・負けない、現状維持のために役に立つ部下を好む。 ・負けない、現状維持のための情報を好む。

このように、上司の型を分類することで、上司が何を「価値」と感じるかの違いを理解しやすくなります。

先ほど説明した「自分で全部決めたい」タイプの上司は、自分に自信がある人が多く、一般には①俺が決める型になります。このような上司には、「このやり方が最良なのでこれで進めます」と言うのではなく、「判断のための情報を持ってきました」と言うべきなのです。

また、「保守的で革新的なアイデアを好まない上司」は、③現状維持志向型か、④リスク嫌い型ですが、このような上司に「こんな新しい技術があって、他社で導入し、成功しているので、うちでもやってはどうでしょうか？」と言っても、そのままでは「価値」は提供できないでしょう。

③と④の保守・保身型上司に革新的な企画を通したいなら、直接的に説得するのではなく、①と②の積極的・革新的上司を使って間接的に説得する必要があります。これには、社内人脈や社外人脈を使います。

上司を思い通りに操る3つのテクニック

上司には指示命令権、人事権があるので、部下を動かすことは簡単ですが、部下が上司を思うように動かすことはなかなか難しいものです。

しかし、上司を動かすには方法があります。それは、「価値提供」「育成」「ダーク・マネジメント」の3つです。

† 価値提供──上司を操るテクニック

1つ目の「価値提供」については、前項で説明した通りです。「俺が決める型」の上司なら、上司が決めるために必要な情報、専門知識、社外人脈などを提供しますが、そのやり方がポイントです。上司を誘導し、部下が思う通りに意思決定してもらうよう、情報、専門知識、社外人脈などの「価値」を調整するのです。

一方、「俺を支えろ型」の上司の場合は、価値を「情報」よりも、判断自体に求める傾向があります。これは、この型の上司が「自分で決める」ことが得意でなく、部下に最良の判断までしてもらいたいと考えているからです。

私はこれまで4つの型の上司すべての部下になった経験を持ちますが、「俺が決める型」の上司に「自分が出した結論」を説明しても、不機嫌になることが多くあり、この方法ではうまくいかないと思いました。

そこで判断できる情報、専門知識などをわかりやすく整理して説明するようにしたところ、上司は上機嫌で「ありがとう」と感謝されることが多くなったのです。

私はこれを成功事例とし、その後上司になった人にも同じように上司が決定できる情報などを提供するようにしたのですが、その上司は「君がベストな結論を言ってよ」と不満げに言うのです。

したがって、「自分が出した結論」を説明するようにしたところ、「ありがとう」と感謝されるようになったのです。この上司は「俺を支えろ型」の上司だったのです。

このように、上司の型によって、提供する価値は変える必要があるのです。

✝育成――上司を操るテクニック

2つ目の方法は「上司育成」です。これは文字通り上司を育成し、部下である自分の考えに同調するように教育してしまうことです。部下が「これがいい」と思うアイデアを上司が否定、反対するのは、上司と部下の判断基準が異なるからです。そこで、部下と同じ判断基準になるように、上司を教育してしまうのです。

一般に、「人は自分の成功体験に照らして物事の良し悪しを判断」します。だから上司は、過去に成功したものに照らして判断してしまいます。でも、上司の判断基準がすでに古く、時代に合っていないことも多いものです。必要なのは、現在の環境や状況に置き換えて判断してもらうことです。

識者意見効果の概念図

時代は変わったんです！
人を時代遅れみたいに言いおって！
時代は刻々と変化しており、しかるべきビジネスモデルが……
フムフム…

たとえば、昔なら「これまでと同じで変えない」が正解だったケースでも、今なら「新しいものに変える」が正解であることも多くあります。でも、「変えないこと」が成功体験になっている上司には、「変えることは」なかなかできないものです。

では、どうすればよいのか。方法は1つ、「上司に現在の状況を教え、理解してもらうこと」、つまり上司の育成です。

ただし、「今の時代はこうだから、こうすべき」といくら部下が言っても上司を怒らせてしまいます。

そこで、すすめたい方法が、「権威を持った人からの有益な情報として教えてあげる」ということです。私はこれを「識者意見効果（権威のある人の意見は有用と思って素直に聞き入れる）」と呼んでいます。

たとえば「コンサルタント会社の人から聞いたのですが、最近はどこの会社でも○○を積極的に進めて成果を出しているようです」という具合に、あくまで外部からの有益情報として伝えると、上司は聞き入れます。この結果、部下の考えに同調しなかった上司が、変わってくるのです。

✝ダーク・マネジメント――上司を操るテクニック

3つ目は「ダーク・マネジメント」の利用です。提供価値で誘導することも、育成することもできない上司を操るにはダーク・マネジメントを使うしかありません。

プロローグの「社内調整」で説明した同盟作戦、諜報作戦、囲み攻め、兵糧攻め、水攻め（➡29〜30ページ）を使って上司の職権を無効化します。同盟作戦と囲み攻めについては、社内人脈の活用が必須になり、上司と同じか、上の権限を持つ人を味方にする必要があります。

この権力者を利用する方法は、第5章で説明します。

ダメ上司の見極め方、職権の奪い方

基本的に上司とは同盟関係を保ち、自分の仕事に協力してもらうことが必要ですが、上司の性格、人間性によっては、友好関係を構築し、維持することが難しい場合もあります。

このような上司は、自己中心的で、自分の評価を上げるためには部下を平気で切り捨てます。成功は自分の手柄、失敗は部下の責任にするような上司です。

このような「ダメ上司」は早くから見極め、危害を与えられないように育成するか、あまりにも酷い場合は職権を奪う必要があります。

歴史ある老舗《しにせ》メーカーであるD社の商品開発部に奥田部長がいました。部下からの評判は最悪で、何人もの部下が心を壊され、パワハラ部長と呼ばれていました。しかし振る舞いは巧妙で、上層部からの評判は上々でした。

あるとき、岸本課長が奥田部長の部下として商品開発部に異動してきました。

奥田部長は、部下の指導方法について岸本課長に話をしました。

「仕事を早く確実にするコツは上司が全部自分で考えないことだ。自分では考えず、部下の頭を使えばいい。まず締め切りを設定する。時間を与える。締め切りになったら、結果を要求する。できなければ追い込む。この手順を守れば、出来のいい部下は必死で考える。その中から最良の答えを採用すればいい」

「なかなかアイデアが出てこない、考えつかない部下もいるのでは？」

「いるな、どんなに言っても考えてこないヤツ。そういうヤツは俺の下から異動になる。努力するヤツは評価され、しないヤツは評価されない。それが実力主義ではないのか」

「それは違うと思いますけど。自分だけで考えることができない部下もいますよ」

「そういう部下はいつまでも甘える。部下に下した仕事の責任は部下にある。責任を全うできないヤツはいつまでたっても成長しない。君もそう思うだろう？」

岸本課長は奥田部長のパワハラ的考え方に嫌悪感を持ちましたが、ここで対立するのも大人気ないので、しばらく様子を見ることにしました。

しかし、奥田部長の「自分は考えず、部下の頭を使い、部下が考えつかないと責める」というスタンスは変わることはなく、部内メンバーが次々メンタルをやられ、部内の雰囲気は最悪でした。

岸本課長は、なんとか奥田部長の考え方を変えたいと思いコミュニケーションを繰り返したのですが、奥田部長に変化は見られず、次第に岸田課長を疎ましく思い、避けるようになりました。このままでは会社のためにならないと岸田課長は考え、政治力を使うことを決意しました。

パワハラ部長を追いやった課長は何をしたのか？

岸本課長が動いた後、奥田部長は新しい企画案件で企画部門の部長と対立し、社内影響力を少しずつなくしていきました。そしてある時期から部下を責めることが少なくなり、1年後、子会社に出向になりました。

それはなぜでしょう?

岸本課長はまず、部内のメンバーに部長から直接指示があった場合は、自分にすべて知らせ、そのうえで指示されたことを受けないように徹底しました。

岸本課長は「1人の部下が仕事を受けなければ部長は怒るが、部下全員が受けないと怒りは分散し、特定の部下を攻撃しなくなるだろう」と考えたのです。その読み通り、部長は最後に困って岸本課長に相談するようになりました。

情報と奥田部長とのやりとりを自分に集中させること、それが岸本課長の狙いだったのです。

奥田部長は、自分で考えて決めるタイプ(①俺が決める型、↓110ページ)でなく、部下に考えさせて一番良さそうな方法を選ぶタイプ(②俺を支えろ型、↓110ページ)の上司でしたので、部下が奥田部長の指示を受けないようになれば、部長は仕事を進めることができなくなります。

ダーク・マネジメントの基礎でいえば、メンバーで口裏を合わせて(同盟作戦、↓

29ページ）上司に仕事の進め方やアイデアを提供しない（兵糧攻め、↓30ページ）を岸田課長は実施しました。

さらに、岸田課長は、奥田部長の社内人間関係などの情報を収集し、

- 奥田部長が苦手な人物は同期入社の商品企画部の三井部長である。
- 三井部長は「①俺が決める型」の勝気な人物である。
- 三井部長は現在、業績向上のための新企画を考えて社内調整中であり、この新企画は社長にも支持され、期待されている。

などのことを把握しました。これを受けて岸本課長は作戦を考え、次のことを実行しました。

- 三井部長が進めようとしている新企画は商品企画部にとってはデメリットばかりという意見を奥田部長に刷り込む。
- 「商品開発部は商品企画部が準備している新企画に反対している」という

噂を社内に流す（諜報作戦、↓29ページ）。

この後、三井部長と奥田部長は会議でやり合うことが多くなりました。強さでは三井部長が上だったので、奥田部長は次第に劣勢に追い込まれるようになりました。新しい企画を推進するために具体策を求める三井部長に対し、奥田部長は「反対」「リスクがある」を繰り返すのみで、前に進める具体策を提示できなかったからです。

その後、奥田部長はこの新企画が社長肝《きも》いりと知り青ざめました。また、「論理的な理由なく反対する部長」として社内での立場は悪くなりました。

その後の奥田部長の状況は説明した通りです。

失敗の責任を部下に押し付けるクズ上司

もう一つ事例を紹介します。

西条氏という、大手通信会社Ｅ社で営業企画部の課長補佐として働く27歳の男性がいました。彼は真面目で、自分の理想を持っていました。そして、自分のやりたいように進めたい、上司に相談するのが億劫《おっくう》と思っているフシがあったのです。

あるとき西条課長補佐は、新しい携帯電話向け通信サービスを顧客企業Ｆ社向けに開発する仕事のリーダーをすることになりました。担当部長は今田部長でしたが、上層部からの評判が高い一方で、部下や同僚からの評判はよくありませんでした。西条課長補佐は、初めて一緒に仕事をする今田部長に仕事の進め方を相談しました。

「君の好きに進めてもらったらいいよ。僕にしてほしいことは言ってくれたらいい。週1回くらい、進捗《しんちょく》状況を報告してもらえれば好きに進めてくれていいよ」

こういう内容だったので、西条課長補佐は「任せてもらえる」「自分の考える方向で進められる」と考えました。

最初はプロジェクトは順調でした。西条課長補佐は今田部長に定期的に報告を入れていましたが、部長はしっかり報告を聞かず、あまり関心がないようでした。

このようなことが多かったので、部長への報告頻度は少なくなっていきました。そんなときに問題が起こりました。新サービスが納期に間に合わないことが判明したのです。F社は怒り、大騒ぎになりました。今田部長と西条課長補佐は、対策を協議することになりました。


「こうなったことはしょうがない。でも西条君、今回のことで、多くの人に迷惑をかけたことは自覚してほしい。君の考えで進めていくのはよいが、それで多くのメンバーが巻き込まれることは組織として避けるべきだ。自分だけで仕事をしているわけではないことを、君はもっと理解しなくてはいけないな」

「私が自分だけで進めてしまったということですか？」

「そういうふうに周囲は見てる。常務も、他の部長も」

「それはあんまりなのではないでしょうか？」

「私は君に『会社にとってベストなものを考えろ』と言ったよな。君に好きに進めてよいと言ったのは、君の考えることが『会社にとってベストである』と信じていたからだ。でも、そうではなかった。信じていたのに裏切られた感があるよ」
「それは酷い。酷すぎるんじゃないですか」
「言い訳は見苦しいぞ。今回のことは簡単には許すことはできないんだ。とにかく、君が勝手にやったんだから君の責任で解決してくれ。私は君ができるといったからOKを出したのだからな」

西条課長補佐は自分の耳を疑い、すっかりやる気を失いました。

結局、今田部長はスケジュールを見直して納品することでF社と合意しましたが、その交渉の際、納品が遅れた理由を西条課長補佐だけの責任にしたのです。部長がどのように上層部に報告したかはわかりませんが、この件では今田部長には責任がないように処理され、問題をうまく解決した功績として上層部に報告されていたのです。

「西条は上司に報告せず、自分で勝手に仕事を進め、会社を危機に陥れた。損害を与える寸前だった」という話になり、部長はその危機を救った人と巧妙に世論形成されていました。

西条課長補佐はこの状況に納得できませんでした。しかし、部長に頻繁に報告しなかったことも事実なので、周囲は西条課長補佐にも非があると思い、同情する雰囲気にはなりませんでした。

西条課長補佐は、このままでは自分は社内で埋もれる、もう浮上できないことを覚悟しました。このとき、今田部長に利用されたことを悟ったのです。

ところがこの後、ある人の異動をきっかけに今田部長の影響力や発言権が低下していきました。

今田部長の影響力が下がったのは、川岸という課長が営業企画部に赴任してきたことが発端でした。

クズ上司を追いやった水攻めと兵糧攻め

西条課長補佐は異動してきた川岸課長に、今田部長への不満を訴えました。それを聞いた課長は少し考えた後、次の2つをアドバイスしました。

- できるだけ部長と2人で話をしないで、人数が集まる会議で話をする。
- どうしても部長と2人で話をしないといけない場合は必ずやりとりを詳細に文書に残す。

今田部長は「自分で決める」タイプではなく、「②俺を支えろ型」でした。このような上司は自分で仕事の進め方を決めず、部下の考えに任せ、成功すれば自分の成果、失敗すれば部下の責任を追及するタイプなので、付き合い方には注意が必要です。

このタイプの人とは、2人だけで話をして約束をしないことが基本です。仮に、2人で話をした場合は必ず記録をつけることをすすめます。これは、問題が起きた際に強い証拠となるからです。

川岸課長は、次に部内の仕事の意思決定のプロセスを見直しました。前の課長の時代は、課長を含め部内メンバーがそれぞれ今田部長と個別に仕事をしていました。課長はいたのですが、今田部長が部内メンバーそれぞれに指示を出して、アウトプットも修正するので、課長の入る余地がなかったのです。

そこで、川岸課長は、部内の業務課題検討会議を定例化し、部長と部内メンバーのやりとりを、大人数が参加する中で開催し、詳細に記録する運営にしました。さらにやりとりの記録は簡潔に書いたメモで、専務を含め部内メンバー全員にメールで送付、共有するようにしました。

今田部長は議事内容を、専務を含めた部内にメールすることを嫌がりましたが、「専務からの指示」で押し切りました（水攻め、→30ページ）。課長は事前に専務に「情報共有が弱いため共有を徹底するので了承していただきたい」と話を通しておきました。これをダメという役員はいないからです。

このため、その後の今田部長は、部下に責任を押し付けることが困難になりました。部下とのやりとりが記録に残り、自分が了承していることが証拠として残ることから、簡単に部下が勝手に決めたと言えなくなったのです（兵糧攻め、➡30ページ）。

今田部長は、仕事の進め方に強く関与し、自分で決めるスタイルに変更せざるを得ない状況に追い込まれていきました。しかしもともと自分で決めるタイプではないため、部内の仕事がうまく進まないことが増え、上司である専務に詰め寄られる機会が多くなっていきました。

この状態で川岸課長は部内のメンバーを集め、次のことを実行したのです。

- 専務から今田部長に出ている指示をすべて詳細に把握する。
- その指示を検討し、自分（川岸課長）に集め、部として完成させる。
- 専務説明は、今田部長単独ではなく、今田部長と自分（川岸課長）が説明する。

この後、専務は次第に今田部長でなく、川岸課長に仕事を命じるようになり、今田部長の存在感は薄くなっていきました。

部内のメンバーは、川岸課長に仕事を相談し、その後専務のところに相談に行ってから、最後に今田部長に報告するようになったのです。専務が決めた後に部長が意見を言っても、部内メンバーはうまくやり過ごしました。

この結果、今田部長の影響力、発言権は著しく低下し、その後、川岸課長が今田部長に代わって新部長に昇格したのです。

第4章

情報が勝手に集まる社内ネットワークのつくり方

社内人脈力

ダーク・マネジメントと数の論理

仕事を効率的に進めていくためには、社内、社外に協力者を持つことが必要です。特に社内の協力者＝味方を多く持つことが重要で、社内調整をスムーズに行うことができますし、自分や自部門だけではできないことを他の部門の人にやってもらう場合にも有効です。

さらに、仕事を効率的に進めるためには、社内の情報が欠かせないので、これらを入手する際にも、社内の味方を頼ることができます。

社内に味方を多く持つことで仕事力は確実に向上しますが、それだけにとどまりません。社内の味方を持つことは、「ダーク・マネジメント」の源泉になります。

味方が多くの部門に存在し、その味方の権力、能力が高いほど、強い政治力であるダーク・マネジメントも強力になります。第1章で説明したダーク・マネジメント（➡29〜30ページ）をおさらいしましょう。「同盟作戦（多数派工作）」「諜報作戦（情報を使っての誘導）」「囲み攻め（会議において数で押す）」「兵糧攻め（相手のリソース供給停止）」「水攻め（権力者から高い圧力を加える）」の5つでした。

この5つのすべてにおいて味方が必要です。味方がいなければ「同盟作戦」や「囲み攻め」はできませんし、「諜報作戦」も使えません。社内の味方を通じてさまざまなルートで情報を流すことで、相手の行動誘導が可能となるからです。

また、会社では自分や自部門だけでは仕事はできず、他部門の協力を必要とします。この他部門協力を促進、制限する「兵糧攻め（相手のリソース供給停止）」には、該当部門の味方の存在が欠かせません。当然ながら「水攻め（権力者から高い圧力を加える）」では、権力者が味方にいなければ実施は困難です。

このように、社内で強い政治力を発揮するダーク・マネジメントの獲得には、多くの部門に、強い権力、高い能力を持つ味方をつくる必要があるのです。

避けるべきは派閥の中のゆでガエル

社内に味方をつくることは必要です。その手っ取り早い方法が、いわゆる時の権力者であるボスの「派閥」に入ることだと思うかもしれません。しかし、それはやめたほうがいいでしょう。時の権力者の派閥とは、たとえば会社で権力を持つ人物の傘の下に入って庇護《ひご》を受けることです。

権力者派閥に入ると自分の力でなく、権力者の力で仕事が進んだり、昇進、昇格をすることがあります。これに慣れてしまうと楽なので、自分で努力して仕事を工夫したり、仲間をつくっていくことが億劫になっていきます。

この結果、能力が頭打ちになってしまいます。ボスの権力が強いうちはいいのですが、何らかの理由で引退したり、失脚すると、派閥の人間は権力の傘を失い、厳しい競争世界に放り出されることになります。

当然、日頃から自分の能力を磨き、他の社内人脈をつくっていれば問題はありませんが、強い権力のボスの下で努力をしてこなかった人間は、ボスの衰退とともに派閥も衰退し、派閥に属する人間も落ち目になっていきます。

私も、そういう人を何人も目の当たりにしてきました。彼らは、自分中心に会社が動いていたのに、ある日を境に次第に中心からエッジに移っていき、その存在が思い出として語られるようになってしまうのです。

そうなりたくないならば、権力者の傘に守られた派閥に入るのではなく、自分の能力を磨き、政治力を高めるために味方を増やしていくことが得策なのです。

味方にすべき人物の重要度とその順

味方は多ければ多いほどいいのですが、性格や考え方の違い、生理的に好きになれない、相手が高圧的で付き合いたくない、そもそも面識がない、などの理由で社内のすべての人を味方にすることは不可能です。味方をつくるには、人間関係を構築する必要があるので、一定の時間もかかります。

そこで味方をつくるステップを考え、効果的に進めていく必要があります。

味方をつくるステップ
ステップ1　自分の仕事に必要な他部門の同僚、先輩、上長など
ステップ2　会社の中での主要な部門（経営企画、商品企画、経理部門など）

の同僚、先輩、上長など
ステップ3　社内や社外情報を多く持っている人（社内や社外の付き合いが多く情報が集まる人）
ステップ4　社内人脈が多い人（社内調整経験が多く、各部門に味方が多い人）
ステップ5　経営層またはそれに近い強い権力を持つ人（役員クラス、役員候補の部長クラスなど）

この順番は、自分の仕事に影響を与える順です。自分の仕事に影響を与える人を味方にすると、仕事が進みますので、この順番で味方をつくっていくと、味方効果が出やすいのです。

ステップ1は日常的に仕事で協力を得る必要がある部門なので、いち早く味方にしてしまう必要があります。同期入社、学校の先輩、過去に同じ職場だった同僚、上長、先輩、後輩など（同期、同窓、同部門）がいればその人をキーに味方を増やしていくことがいいでしょう。そのようなキーとなる人がいない場合は、積極的に懇親会や勉強会、親睦《しんぼく》行事などを行い、コミュニケーションをとり、人間関係を深くしていくことが必要です。

ステップ2は主要部門のため、社内調整が必要となることが多いので、これらの人を味方にしておくと仕事が効率的に進みます。ただし、普段からあまり付き合いがない部門であれば、人間関係が薄い可能性があります。この場合は、同期、同窓、先輩、上長や過去に同部門だった人がいれば、その人を足掛かりに人間関係を深めていくことが効果的です。同期、同窓、同部門の人がいない場合は、すでに自分が持つ社内人脈の中から人を見つけ、それを足掛かりにします。

ステップ3〜5については普段一緒に仕事をする中にいる場合は、コミュニケーションを密にする工夫をして人間関係を深めます。そのような機会がない場合は、すでにある人脈の中から手繰りますが、**ステップ3〜5の人は実力者であるため、ある程度の基盤を築いていると思われます。裏を返せば味方を増やすことへの緊急性がそれほど高いわけでもないということであり、それゆえに彼らを味方にするのは難しい**といえます。

このような人たちには、情報などの価値を提供し、その見返りに動いてもらうようなことが必要になります。すでに社内の情報、人脈が多い可能性が高いので、社外の価値ある情報や社外人脈を使うことが有効です。

社内のパワーバランスとキーパーソンの見極め方

味方をつくる際には、社内のパワーバランスを見極めることが重要です。

たとえば、権力者の派閥が複数あって、これが敵対しているような状況では、弱い派閥の人を味方にするよりも、強い派閥に属する人を味方にするほうが社内政治面では有利です。

しかし、常に強い派閥の人を探して味方にするような行為は、社内の風見鶏で権力を当てにしている人物というレッテルを貼られかねません。社内のパワーバランスを見極めることは必要ですが、付かず離れず、必要に応じて同盟関係を維持することが得策です。

パワーバランスを見極めるのに有効なのは、人事発令です。どのような人物が社内の主要部門の重要ポストに配置されるのか、会社横断の特別プロジェクトのリーダーに抜擢《ばってき》されるのかなどを見て、それらのキーパーソンの交友関係、派閥、社内人脈を調査すると、社内のパワーバランスを知ることができます。

ただし、主要な部門の重要ポストにいる人物や会社にとって重要なプロジェクトのリーダーになる人だけがキーパーソンというわけではありません。

社内には役員や、部長、課長、プロジェクトリーダといった管理職、リーダー以外にも社内の情報に精通し、意外な社内人脈を持つ人たちがいます。それは、勤続年数が長い庶務担当社員、役員秘書、社有車の専属ドライバー、役員と同期入社の男性（定年間際のおじさん社員）、女性社員（古い言葉でお局《つぼね》様）などです。

こういう人たちは、**一般の社員が知らない社長、役員、有力部長など権力者の悩み、泣き所、過去の失態、家庭の課題、好きなこと、苦手なことを知り尽くしており、権力がある役員、部長などと深い人間関係があることが多い**ものです。これらの人を味方にしておくと、社内政治面ではとても有利になるのです。

相手を自分に取り込むための10の策略

味方をつくるために絶対必要なことは、嫌われないこと、好かれることです。どれほど味方になってほしいと思っても、他人から好かれない、嫌われる行動をとる人は味方をつくることは難しいでしょう。

「自分勝手」「他人を攻撃してばかりいる」「人を尊重しない」「上から目線で他人を見下している」「裏切る」「協力しない」などは、好かれない、嫌われる行為です。

これらの行為をしないとともに、次に説明する「味方をつくる10の方法」を実施すれば、社内の味方は多くなっていきます。

✝①仕事で苦楽を共にする。

一緒に仕事をして困難を乗り越え成功させた場合や、大きな苦労を経験した人には強い仲間意識が生まれます。このような人は通常は強い味方になります。過去に同じ職場で同僚や後輩、上司、上長だった人や、同じ職場ではないが社内横断プロジェクトで一緒だった人たち、いつも一緒に仕事をする他部門の人たちなどが該当します。

✝②仕事に協力する。

味方にしたい人には積極的に協力しましょう。会社で人が喜ぶことは、仕事がうまく進むことです。仕事で協力してもらう人には感謝と好感を持ちます。いつも仕事に協力してくれる人には好意の返報性（お返しをしたいと思う心理状態）が生まれるので、協力してくれた人の力になろうとするのです。

✝③困っていることを解決してあげる、助ける。

仕事に協力すると同じ効果を持ちますが、困っているときに問題を解決してあげたり、助けたりするほうがより感謝され、強い返報性が生まれます。同じことをしてあげても、困っていないときと困っているときとでは、感謝される度合いが違うのです。自分が味方にしたい人が困っているときに積極的に助ければ、味方にできる可能性が高まります。

†④価値ある情報を提供する。

すでに説明している通り、情報は価値を持つので、情報を必要としている人に価値がある情報を提供することで、味方にすることができます。情報は仕事に必要なものだけに限りません。趣味や好きなスポーツ、面白い話など、自分にとっての価値と感じるものでかまいません。

†⑤価値のあることを教える。

人に何かを教えることも、相手にとっての満足になり、高い返報性が生まれます。仕事で必要な専門知識や説明のし方、文章のつくり方、仕事をうまく進めるコツ、交渉術、上司との付き合い方、資格の勉強のやり方など、教える内容はいくらでもあります。味方にしたい人が何を身につけたいと思っているかを調べ、自分ができることとマッチングして教えてあげることで味方にすることができます。

†⑥話を聞く。

人の話を丁寧に聞くだけでも味方にすることができます。人は自分の考えや自分の気持ちを他人に聞いてほしいと思っています。話を聞いてあげることで相手に仲間意識を高めてもらうことできるので、日頃から話を聞くようにしておきましょう。これを積み重ねることが味方をつくることにつながります。

✝⑦ 尊重する、褒める、承認する。

他人を尊重したり、褒めたり、承認するなど、その人の満足感を高め、信頼感、仲間意識を高めてもらうことができます。普段から味方にしたい人の考えを尊重し、必要に応じて具体的な事柄を褒め、承認することで、味方を増やすことができます。

✝⑧ 主義主張を一にする、集団化する。

自分の考え、主義、主張と似ている人は強い味方にすることができます。自分の考えを肯定し合う同士は互いに高い満足感を得られるからです。いわゆる社内派閥、社内政党などがこれにあたります。主義主張を一にする人を集団化して味方グループにし、普段から勉強会などをしておけば、何か行動をする際に、連携することが可能になります。

†⑨人の評価を高める行動をする。

他人の評価を高めることも味方をつくる重要な方法の1つです。味方にしたい人のやった仕事の成果を褒めたり、その人の上司に働きかけたり、社内に成果を宣伝するような行為をすると、高い返報性が生じるので味方にできる可能性が高まります。これは後で事例で説明します。

†⑩その他「味方にしたい人のメリットを行い、デメリットの回避に資すること」をする。

①～⑨以外にも味方にする方法はたくさんあります。

要は、味方にしたい人のメリットになることを行い、デメリットになることを避ける行動をしてあげればよいのです。わかりやすいメリットとしては給与や賞与などの金銭的報酬が上がる、昇進・昇格などの処遇がよくなるなどがあります。また直接的な報酬や処遇ではないのですが、面白い経験ができる、新しい知識が吸収できる、人脈が広がるなどもメリットになります。

他部署の上長を利用して越権を手に入れる

私が使っていた「味方をつくる方法」をいくつか紹介します。1つ目の事例は「味方をつくる10の方法」の「⑨人の評価を高める行動をする」を使ったものです。私がIT企画の仕事をしていたころの話です。

IT企画はどうしても専門的になってしまうので、自分の知識だけではわからないことも多いのです。たとえば、法律などがそうです。

企画した制度、仕組みが法に抵触していないかどうかを確認しなければならないのですが、私だけでは個人情報保護法や電子文書法などの法律を把握できるはずがありません。

あるとき、取引先からの強い依頼で調査する必要が生じました。それには、法的確認が必要だったので、すぐいつもお願いしている法務部の石井主任に連絡しました。しかし、石井主任は忙しくて絶対無理と、私の依頼を聞いてくれませんでした。

石井主任は他の仕事で忙しかったのですが、こちらも大事な取引先の依頼で取引先を怒らせることはできません。
そこで、私は石井主任に「メリット」を与える必要があると考え、それで石井主任を味方にしようと作戦を練り実施しました。その結果、すぐに作業をしてもらうことに成功しました。

私がやったことは石井主任の上司である法務課長に電子メールと電話を使ってお願いしただけです。

> いつも石井主任にはお世話になっています。実は、先日お客様から依頼がありましたが、期間が短いため、当方は大混乱しました。このとき、石井主任に無理を承知でお願いしたところ、快くご承知してくださり、事情を理解のうえ、大至急で対応していただきました。調査結果もわかりやすく、お客様からも好評で本当に助かりました。
> 石井主任は前向きな人間でありとても頼りになりました。課長の了承なく

このような仕事をお願いして、石井主任の作業量を増やしてしまったことをお詫びするとともに、お礼かたがたご報告する次第です。

この話は、よい事例として法務部長にも当方企画部長からお話ししたいと考えております。これからもよろしくお願いします。

最後になりますが、課長から石井主任を褒めていただきたいと思います。


私は、このような内容の文書を電子メールで課長に送り、しばらく時間を置いた後、課長に電話をかけました。

課長は自分の部下が評価されたことに気をよくし、「これからも使ってやってくれ」と笑い、「あいつは負荷をかければ伸びるから、何でもやらせていいから」と喜んでいました。

しばらくして、今度は石井主任から電話がありました。「課長に褒められ、優先して依頼に応えるように言われました」とこちらも喜んでいました。

非常にわかりやすい単純な方法ですが、うまくいきました。

人はやはり、上司に評価されることはメリットになるのだと思いました。その後、石井主任は私の依頼をそれまで以上に聞き入れ、よく動いてくれるようになったのです。

情けは味方、仇は敵なり

2つ目の事例は、「味方をつくる10の方法」の「③困っていることを解決してあげる、助ける」を使ったものです。私が社内の業務効率化用のシステム開発のリーダーをしていたときの話です。

私の役割は会社の各部門から手作業で行っている作業を洗い出し、情報化することでした。会計や小規模商品の売上げに関する業務はシステム化されておらず煩雑で、たびたび事務ミスを起こしていました。これをシステム化することが私のミッションでした。この仕事は、我々企画部門が情報化戦略として企画したもので、その成功は上司である企画部長の厳命でした。

私には部長から「関連部門を巻き込みながら推進していくこと」という指示が出て

いました。しかし、販売部門の川村課長補佐は非常に動きが悪く、検討作業は進みませんでした。

私は何度も川村課長補佐に「会社の決定なのだから、分析を進めてほしい」と働きかけ、川村課長補佐の上司である課長にも担当を増やすように依頼したのですが、課長は「当方は決算時期で忙しく、川村以外を担当させるのは困難」と取り合ってくれません。


私は、このままではうまくいかないと思い、川村課長補佐と話すことにしました。川村課長補佐がなぜ積極的に検討を進めないのか、本当の原因を知るためです。

「そろそろ、最初の締め切りなんだけど、君のところだけ進んでいないようだね。何か問題があるの？　決算業務も忙しくて思うように進まないのはわかるけど、この仕事もお願いしているのだからやってもらわないと。君のところだけ進んでいないわけだしね。課長には相談したの？」

「はい、自分だけでは無理です。他の人にもやってほしいと上司には言っているのですが……」

「でもね、そんなに難しい仕事だと思わないんだけどね。君の部門の業務のうち、システム化されていない手作業を洗い出すだけだよ。みんなに聞いてみればわかるんじゃないのかな？　それでも進まないのは、どう進めればいいかわからないと思っているんだろう。君は自分だけがこの仕事の責任を持たされてつらいんだろう？」

「そんなところでしょうか……なんで自分だけがやるのかよくわからないんです……。わからないからうまく動けないし、課長も聞いてくれません。課長は私に冷たいんです。私のことを評価してくれないですし……面倒なことは私に言いますし。そのくせ、やっても何も言ってくれないし……」

「そうか……なら、この仕事をがんばったら、僕が君の働きを課長や部長に説明するよ。アピールしてあげようか？」

「いいですよ、そんなこと。どうせ評価はよくならないですし、私はそういうのは好きでないので。言われたことを日々こなすだけで精いっぱいですから。私はそんなに仕事ができないし……」

「そんなことはないよ。今回の仕事はいいチャンスだと思うよ。だって、君の部門の他の人ができない経験を積めるんだよ。今度も君はいろんな部門で仕事をしていくと思うけど、システム化を検討する機会が増えていくと思う。そんなとき、君にはそのノウハウが蓄積しているんだよ。それだけじゃないんだ。今回の仕事でいろんな新しい人と一緒に仕事ができる。仲良くなっておけば、得だと思わないか？　僕も君の依頼なら何かと助けたいと思っているし。そうなったら、強いよ。課長なんか今の仕事しか知らないし、君のほうが幅広くノウハウを積める可能性があるんだよ。今回やらなきゃもったいないと思うけどね。教えようか？　教えたら、進めることができるかな？　時間はつくれる？」

「本当ですか？　教えてもらえるのなら、時間はつくります」

「わかった。ではこれから定期的に教えるよ。わからないことがあったら、電話してきてよ。何でも質問していいから。2人で成功させて、課長を見返してやろうよ」

私は川村課長補佐との会話で、彼が仕事の進め方で困っていることがわかりました。

彼にとっては「課長から押し付けられた、進め方もわからない仕事」はかなりのストレスだったのです。そんな彼を助けることで、川村課長補佐を味方にすることができました。

それから1年間、私は川村課長補佐と定期的に打ち合わせを行い、仕事を進めるための方法や彼の悩みなどの相談を受けました。川村課長補佐は私の言うことをよく聞き、仕事を進めていきました。

私は川村課長補佐のインフォーマルな上司になったことで彼と同盟関係を構築し、以降、長く協力し合って会社のさまざまな仕事を進めるようになったのです。

部下を使って子ねずみという味方を増殖させる

3つ目の事例は、「上司として味方の部下を増やす方法」を紹介します。

私が課長をしていた時代、部下に島田課長補佐という男性がいました。島田の仕事の評価はもうひとつでした。なぜなら、いつも事前に準備をせず、組織内や他部門との社内調整もせず、場当たり的に仕事を進めてしまい、結果的に仕事がうまくいかかないことが多かったからです。

たとえば、新しい企画を立案する際には、島田が自分でいいと思う企画は根気よく説明すれば通せると思って事前準備をせず、いきなり関係者を集めて説得しようとしたので、ほとんどの場合は失敗していました。

こういうことが多かったので、私は島田に「もっと事前調整をしなさい」「事前に他部門の人にどう言われるか考えて準備しなさい」「想定される反論を踏まえて企画をブラッシュアップしなさい」と言いましたが、島田はその意味をなかなか理解できませんでした。

何回言っても、島田の行動は変わりません。いつも事前準備をせず、場当たり的に周囲の人間に一方的に説明しては、厳しい質問や反論に答えることができず、しどろもどろになって最後は黙ってしまう状況でした。


島田は私の言うことの意味を理解できておらず、同じ間違いを繰り返します。救いは悪気がないことでした。島田は意図的に私の言うことを聞かないのではなく、本当に何をすればいいのか、どうして仕事がうまくいかないのかわかってい

ないのでした。

私は自分の教え方がよくないと悟りました。抽象的に言ってもダメなのですから、具体的な指示をする必要があると考えました。

そして、私はあることを思いつきました。それは、今までの島田の行動を変えるための工夫でした。島田を呼んで言いました。


自分は課長職であり忙しく時間がないため、私の代わりにやってほしいことがある。それは、仕事で関係する役職者やその他のキーパーソンの考えや意思決定のパターンを調べてほしいということ。調べる方法は難しくない。各役職者などキーパーソンが重用している部下と仲良くなり、その部下から聞けばいい。聞くことは、「何に興味があるか」「何を好むか」「過去の職歴」「仕事で大事にしていること」などだ。

たとえば、経理部長は長期的に顧客囲い込みに効果がある企画は、多少コストが高くても反対しないことが多い。なぜなら、経理部長は営業畑が長かったから、顧客を囲い込むことの重要性を感じているからだ。

また、部下たちに困っていること、協力してほしいことを聞いて、島田にできることはやってあげてほしい。島田にできないことは、島田と仲がいい社内の人にお願いして協力してもらってほしい。それでもできない場合は、私に言ってほしい。私のできることは協力したい。

繰り返しになるが、課長である自分が全部調べればよいが、時間がなくて不可能だ。だから君に助けてほしいと思っている。


これを聞いた島田は喜んで私の依頼を受けました。

「課長が自分を頼ってくれている。自分を信用してくれている」

そう思ったそうです。島田は課長である私の期待に応えようとさまざまな手段を使って調査をして、関係者を助けようとしました。


半年くらい経過すると、島田は社内でかなり顔が広くなっていました。島田の日頃の行動に感謝をして味方になってくれる人が多くなっていたのです。それに比例するように、島田には多くの社内情報が集まるようになっており、どの企画に誰が関与しているのか、どの企画を誰が支持しているのか、誰が反対しているのか、その理由は何かなどがよくわかるようになっていました。数年後、島田には、社内のほぼすべての企画やその他の仕事の情報が入るまでになっていたのです。

情報が豊富に入ること、社内に多くの味方ができたことで、島田が考える企画においては、事前に各部門や各キーパーソンの意見、反論を意識してブラッシュアップすることができるようになり、島田の仕事はとてもスムーズに進むようになりました。

この事例は「味方をつくる10の方法」の「②仕事に協力する」「③困っていることを解決してあげる、助ける」などを使ったものです。自分のメリットにならない場合や相手に都合のいい人間として使われてしまうことを恐れてはいけません。気持ちよく人に協力する、助けることが味方を増やすことにつながるのですから、最後は自分のメリットになるという点を理解することが重要です。

社内人脈の維持に欠かせないメンテナンス

社内の味方を増やす努力をするとともに、それを維持する工夫も必要です。これには定期的に勉強会や情報交換会、懇親会などを開催するといいでしょう。

勉強会は、新しいビジネスモデル、ICT（情報通信関連技術）などを使った他社事例などを解説することで感謝されますし、日頃の課題、悩みを言い合う情報交換も、社内人脈を維持するためには有効な方法です。

また、最近は社内での飲み会は減少しているかもしれませんが、懇親会などは目的を持った前向きな集まりならやらない手はありません。私は社内でいろいろな名目を付け、味方を集めて情報交換会をやるようにしています。

会には、「新大橋通り沿いに住む人の会」「大学同窓の会」「課長、次長の会」「恵まれない子供たちの会（仕事でストレスを持っているが前向きに進みたい中堅社員の会）」など、社内だけで20以上の会を開催しています。

これらの会ではさまざまな情報を入手できるとともに、メンバーの悩み、将来のキャリアアップの方向をアドバイスできるので、お互いに有効な会になっていると思っています。

第5章

権力者の向きをちょいと変えさせるコツ

権力操り力

権力者を動かすことが「社内政治力」の決め手

「あいつは一定の力を持っていると思う。だけど自分の好きなことはやるけど、それ以外はやりたがらない。俺が頼んだ仕事はいつまでも報告に来ない。好きなことしかやらない人間は上に上がるのは難しい。上になればなるほど、好きではないことをしなければならないことが多くなるから」

この言葉は私が課長補佐だったころ、担当替えで新しく上司になった役員が、私の上長に言ったものです。上長は私のメンター的存在で、件《くだん》の役員とは同期入社で仲がよかったため、私の評価を聞いてくれたのでした。

この役員はとても能力の高い人物で、社内でも強い影響力を持っており、多くの社員が「権力者」と認めていました。そのような権力を持った役員が部下である私のことをネガティブに評価していることはショックでした。この時点で部下になって半年くらい経過していましたが、それまで直接このように言われたことはなかったので、私は自分の動き、考えていること、役員への報告事項などに問題があるとはまったく思っていませんでした。

しかし実際には私には直接言わないけれども、「物足りない」「管理職としての素養不足」「自分が言ったことをスルーする」という評価を下し、部下として満足していなかったようです。

私には思い当たることがありました。役員から指示された仕事があったのですが、あまり詳しくない分野のアイデア提案だったので、役員が軽い気持ちで「考えてほしい」と言ったに過ぎないと思い込んでいました。しかし、役員はそうは思っていなかったのです。

上長からこの話を聞いた私は「これはまずい」と思い、役員から依頼を受けたアイデア提案を考えるためにさまざまな調査をして、該当分野の動向やアイデアを出し、この分野に強い社外人脈を使ったディスカッションを行って1週間後に企画書をまとめ、何事もなかったかのように「遅くなり申し訳ありませんでした」と緊張を隠して説明しました。

役員は15分間黙って説明を聞いていましたが、終わると「まあ、こんなもんだな。とりあえずこの案でスタートしよう」と言ったのです。

その後、上長から追加で話がありました。

「あいつはやっと提案に来たよ。中身は普通だけど、苦手な分野を一生懸命調べたみたい。まあ、もうしばらく使ってみるわ」

役員はこう言ったそうです。

今でもこの件を思い出すと冷や汗が出る思いです。その後、私は権力者の指示、命令はどんなささいなことでも一旦受け入れ真剣に考えて対応するようになり、今に至っています。

権力者には「面従腹是々非々」で

私はこのときまでは、どちらかと言うと組織よりも個人としての能力アップや個人業績を重視するタイプで、好きなことを好きなようにやって会社に貢献すればいい、組織は窮屈だからと社内人脈よりも社外人脈を大事にする人間でした。

しかし、権力者である上司の役員がそれでは足りないと思っている以上、自分の考え方、やり方を変える必要があると悟りました。自己中心主義、個人能力主義に加え、組織主義、組織全体の能力をアップさせることも必要だと思ったのです。これも私の重大なリラーン、アンラーンの局面でした。

それから、10年以上経過した今では、社内人脈も社外人脈と同じように大事にして、個人能力を組織全体の能力向上に使うようになり、社内政治力も向上しました。

この10年の間に学んだことは、権力者には「面従腹従」でも「面従腹背」でもなく、「面従腹是々非々」で接するのがいいということです。「面従腹従」は権力者からは「愛《う》いヤツ」「言うことを聞くヤツ」と可愛いがられますが、権力者が正しい判断をして仕事がうまくいっているうちはいいものの、間違った判断をしたり、失脚した場合は部下も共倒れになります。

一方、権力者は「面従腹背」の部下は簡単に見抜きますので、部下が使えるうちは我慢して使いますが、失敗したり、使えないと判断したり、別の優秀な部下が出てくると、容赦なく切ります。

「面従腹従」も「面従腹背」も権力者としての付き合い方としては好ましいものではありません。**私は権力者との付き合いは、表は全面的に従い、裏は権力者のその時々**

の考え、行動を「是々非々」で評価しながら、権力者の成功に向けてサポートすることがベストと考えます。

一般に、権力者は能力も高く、人脈もあり、人事権を持ち、会社の意思決定に大きな影響力を持っています。

能力がある人物であっても、権力者と対立したり、言うことを聞かない場合は早い段階で影響力を失います。そうなると、何をやっても自分の思う通りに仕事が進まなくなります。**権力者に対しては基本的に「面従」が求められる**のです。

「面従」で重要なのはとりあえず受け入れる柔軟性です。権力者から指示・命令を受ける場合、それが自分の考えと異なるものであっても、反発したり無視するのではなく、一旦受け入れて自分の中にインプットし、「是々非々」で考え、受け入れることができるのならば最も良い結果になるように考えればいいのです。

もし検討の結果、受け入れることができない場合は、権力者を怒らせることなく、丁寧に説明をしてあきらめてもらうように誘導します。もちろん、これには後述するようなスキルが必要です。

権力者の命令・指示を断る際には、同盟作戦と諜報作戦で

権力者の指示・命令は一旦受け入れることが必要ですが、是々非々で考えた結果、どうしても「やらない」ことが自分や会社、また権力者自身のためであれば、「NO」と言うことも必要です。

ただし、相手は力を持った権力者です。どんなに論理的に理由を説明しても心証が悪化する可能性があります。このようなことが続くと、権力者の怒りが強くなり、排除される可能性もありますので、NOは戦略的に伝える必要があります。

この場合に有効なのが、第1章で紹介した「NOと言う相手にはYESと言いたくなる情報を与える」（→61ページ）を応用した、「**GOと言う相手にNO GOと言いたくなる情報を流し込む**」**のテクニック**です。つまり、権力者が「やりたい」「やるべきだ」という判断を「やらないほうがいい」「やってはいけない」と判断が変わる情報をうまく提供して、権力者自身が自分で考えを変えるように誘導するのです。

それには権力者が「やりたい」「やるべき」と確信している理由を把握します。多

くの場合、権力者が「やりたい」「やるべき」という理由には、「会社のため」「お客様のため」「社員のため」「自分の権力維持、評価アップのため」、などの理由がありますが、「自分の権力維持・評価アップ」を明確に理由として明言する人はいないでしょう。大義名分は「会社のため」「お客様のため」が多いと思います。

そこで、権力者が「やりたい」「やるべき」と確信している理由が「会社のため」であれば、「実は会社のためにならない」と権力者が判断を変える情報をさまざまな手段で提供するのです。

理由が「お客様のため」であっても同じです。「実はお客様のためにならない」という情報に変わるだけです。要は、権力者が「やりたい」「やるべき」と考えた理由の反対の判断になる理由を与えていくということです。

これにはダーク・マネジメントの基礎で説明した同盟作戦（↓29ページ）と諜報作戦（↓29ページ）が役立ちます。

同盟作戦：多数派工作

利害が対立する相手の思うように進まないよう、社内の主要部門のキーパーソンを味方にして、対立相手の仕事に簡単に協力しないように連携して行動する作戦。ここでは利害が対立するのは権力者である。

諜報作戦：情報を使っての誘導

対立相手のダーティーさ、ずるさ、自己保身などのネガティブ情報の噂を社内に意図的に流す。これにより、対立相手の評判を下げ、無力化する。また、相手のNOという立場をYESに誘導するための情報を意図的に流す作戦。

同様に相手がGOというポジションをNOGOに誘導するための情報を意図的に流す作戦もある。

権力者はいろんな人からさまざまな情報を受ける過程で、GOの判断だったものがいつの間にかNOGOの判断に変わってしまうことがあります。

しかし、それはあくまで自分が決めたことで誰かに説得されたという自覚がありません。この方法であれば、特定の人物が傷つくことなく、一旦受け入れた内容を平和的に断ることができるのです。

犬は餌、人は金で飼えるが権力者は…

権力者を味方にできれば、社内政治力が向上することは間違いありません。一方で付き合いを間違えれば怒らせてしまい、味方になってもらえないだけでなく、自分の身が危うくなることにもつながるので、慎重に行動する必要があります。

定期的に付き合っていくためには権力者が好むもの（提供価値）を把握し、それを提供するようにします。こうして良好な関係を維持します。

これは、第3章で説明した上司との関係と同じです。権力者に提供する価値となるのは、「価値ある情報」「価値のある専門分野の知見・ノウハウ」「価値のある社外人脈」などです。上司編で提供価値としてあげた社内人脈は、権力者はすでに持っていると思われるので、提供価値にはならないでしょう。

権力者に提供する価値

- 価値ある情報
- 価値のある経営全般、専門分野の知見・ノウハウ
- 価値のある社外人脈　　など

会社での権力者は、社長、専務、常務、取締役、執行役員といった役員クラスか、将来役員を狙う理事、部長クラスなどです。このようなクラスの人たちは会社の業績を向上させたい、ライバルに勝てる画期的な新商品、サービスを開発したい、他社と協業して顧客に新しい価値を提供したいなどの目標、課題認識を持っています。

これを実現、解決するためのヒント、資源、アイデアなどにつながる解決策を常に探しているものです。

権力者は、提供されるものの価値が高いほど、その人間を信頼し、頼るようになります。権力者に提供する価値の質の高さ、量の多さを認めてもらうことが、権力者を味方につける方法になります。

権力者の急所をギュッとつかむための5つの手法

権力者であっても一般の人であっても、関係を深めるには接触を多くすることが必要です。人は知らない人、あまり面識がない人には好意を持ちにくく、よく知っている人、接触が多い人に好意を持つ習性があり、これは単純接触効果（米国の心理学者ロバート・ザイアンスによる研究）と呼ばれます。したがって、関係を築きたい権力者との接触を多くすることが必要です。

しかし、権力者が直上司（自分のラインの部長、役員など）である場合は、仕事で関係することも多くありますが、ライン以外の場合は接触するチャンスが少ないという問題があります。そこで、権力者と日常的に会って話をする機会を意図的につくることが必要になります。「権力者との接触を増やすための仕掛け」を考える必要があるのです。

代表的なものを5つ紹介しましょう。

†①ターゲットとなる権力者に近い社内人脈を介して懇親会などを設定する。

権力者に近い人が社内人脈の中にいれば、接触はさほど難しくはないと思います。ただし、その会で何を話し、何の価値を提供できるかを権力者にわかってもらえないと次回につながりません。

単に黙って飲み食いしているのではなく、興味のあること、共通の趣味、好きなこと、専門分野、会いたいと思う社外の人などの情報をたくさん収集することが必要です。ここで入手した情報を使って、次回も接触できるようにする努力が欠かせません。

†②権力者と趣味や好きなスポーツなどが同じなら、一緒にプレイしたり、観戦したりする。

権力者の趣味や好きなスポーツなどは、権力者に近い人（部下など）に聞けばわかると思います。会社によってはクラブや同好会もあるので、それを活用するのも有効でしょう。

ただし、これも①と同様、一緒にいるときに情報を収集して次回に生かすことが欠かせません。スポーツや趣味の会は頻繁には開催されないでしょうから、接触を増やすことが難しいのです。

やはり、興味のあること、専門分野、会いたいと思う社外の人などの情報をたくさん収集し、次回以降の接触機会の増加に使うことが必要です。

私はゴルフはやりませんが、登山、美味しい店探し、歌舞伎鑑賞、落語鑑賞、ロボットアニメなどを好む人を集めた懇親会を企画したことがあり、中には今現在続けているものもあります。このような会を定期的に開催していると、権力者を呼びやすいというメリットがあります。

当然、趣味だけではなく、仕事の話も絡めるようにしています。このような会から、新しい企画や業務改善のアイデアが出て、仕事につながることも多くありました。

┼③ 社内勉強会を主宰し、権力者を講師として呼び、話をしてもらう。

これは①や②よりも効果が高く、権力者と近くなる可能性が高い方法です。ターゲットとなる権力者が研究しているテーマや得意分野、将来の目標に関する事項を調べ、それに関する若手、中堅勉強会を主宰・運営し、何回か実施した実績をつくったうえで権力者を講師として呼び、話をしてもらうようにします。

講師として話をしてもらえればそれでいいのですが、忙しくて講師をする時間がない場合でも、研究すべきテーマやトレンドキーワードを聞いて、社内勉強会の運営に生かすなどの実績をつくります。こうすれば、次回以降も勉強会のアドバイザーとして話を聞くことができ、接触機会が多くなりますし、権力者から自主的に社内勉強会を実施している人間として覚えてもらうことができます。

†④権力者の興味のある専門分野の情報などを調べて提供し、意見交換をする。

これは③よりもさらに効果の高い方法です。権力者の興味のある専門分野の情報などを調べて提供し意見交換をします。

私の専門分野はＩＣＴ（情報通信関連技術）、プロジェクトマネジメント、ビジネススキル教育ですが、ビジネスモデルに関する執筆もあることから、事例情報も多く持っています。このような情報を社内の権力者に提供することで、権力者との関係は深くなっていきます。

†⑤権力者の好みそうな企画を考え、提案する。

これは最上級レベルの方法です。権力者の好みそうな企画を考え、提案できるレベルまでいけば、近い将来権力者の社内ブレーンになれるかもしれないレベルです。定期的に企画、アイデアを提供できるようになれば、権力者を完全に味方につけることができ、さまざまな場面で頼りにされるようになります。

このレベルになると、自分がやりたいことを権力者にうまく進言し、巻き込むことで自分のやりたいことを進めることができるようになります。

言葉は悪いですが、まさに権力者を操れるようになるのです。このようなことを複数の権力者に対し繰り返すことで、社内政治力はとても強いものになっていきます。

権力者は役に立つ人間だけにしか興味がない

権力者との関係を強化するには、接触を多く持つ必要があることは説明しました。しかし、接触が多くても話題がなければ意味がなく、接触する理由がなくなってしまいます。

私の経験では前項の③〜⑤の方法については、定期的な接触が継続していくことが多く、①、②については1回では権力者と深い関係までは築けず、次が続かない傾向がありました。

そこで、①、②の方法であれば、定期的に話をするための工夫が必要になります。留意したいのは、1回目に次回以降のネタになる情報を収集することと「役に立つ人間」として認識してもらうことです。

権力者が「この人物は役に立つ」と思わなければ、定期的に話をしてもらうことはできません。また、役に立つと思っても次回以降に話をする内容がなければ次回以降の接触は難しくなります。必ず最初の接触で「この人物は役に立つ」と思わせるようにしてください。

裸の王様と庶民との間の情報格差を利用する

2回目以降も定期的に接触するためには、権力者にとって有用なことを提供することが必要です。この提供価値が高くて他の人間と差別化できているほど、権力者にアピールすることができます。

そのために必要な価値は「価値ある情報」「価値ある経営全般、専門分野の知見・ノウハウ」「価値ある社外人脈」などですが、自分で提供できるもので、権力者が現在興味があること、困っていること、好きなこと、今後やろうとしていること（＝権力者のニーズ、ウォンツ）を探り、それに応じた内容を説明し、意見交換することが必要です。

権力者のニーズ、ウォンツは権力者本人に直接確認できれば早いのですが、関係が深くない段階ではそれは難しいと思います。そこで、権力者の部下や知り合い、同期入社など権力者をよく知る人を手繰って探り出します。

その方法が難しい場合は、権力者の担当の仕事の最新の事例、海外事例、業界の裏話などをインターネットや雑誌、社外人脈を駆使して調査して情報提供するなども有効です。

それも難しい場合は、もっと簡単な方法があります。それは、**権力者と現場の情報格差を使った「価値提供」**です。

権力者は一般に部長以上の役員レベルの管理職であることが多いため、業務は部下の上げてくる内容で意思決定する判断業務がメインになります。

特に大きな会社では役員レベルになると役員室（個室）に入ることも多く、フロアで多くの部下と一緒に仕事をしていたときと異なり、現場レベルで起こっている生情報が急激に入らなくなります。

これは役員レベルの権力者にとってはつらいことです。意思決定（判断）はより多く生情報を積み上げるほうが正しい判断ができるからです。

役員室に入ると現場の生の情報（社員の活性度、顧客の満足度、苦情の傾向、ライバルの動向の生情報など）が簡単に入手できず、部下の2次加工情報を見聞きして意思決定しなければなりません。このような理由があり、**役員クラスの権力者は現場の生情報をとても好む**傾向があります。

そこで、社内の現場で起こっていること、販売の現場で起こっていること、苦情などの生情報を権力者に持っていくと喜ばれるので、まずは現場の生情報を提供することも有効です。

力がない者は権力者の参謀を目指せ

ここまで権力者との付き合い方を説明しましたが、これらを事例で説明します。

新見氏は紳士服衣料メーカーG社の商品開発部の課長補佐です。新見課長補佐は、市場に投入する新商品、サービスの詳細設計を、関係部門である企画部、営業部と行っていました。

G社では企画部が市場調査を行い、新しい商品、サービスの概略を考え、経営会議を経て決定された内容に基づき、商品開発部が詳細な設計後、開発、営業部が販売する役割分担でした。

しかしG社では、商品開発部と企画部の関係はよくありませんでした。企画部門の人に、商品開発部の人間を攻撃することが多くありました。これは、企画部が、市場にない新しい商品、サービスを企画したくても、商品開発部が、「それは、当社には経験がない、検討できる人材がいない」

「新しいシステム技術を必要とするが、当社にはその技術がないから難しい」
「詳細検討に2年くらいはかかる」
「コストがものすごく多くかかる」

などと、企画部のやりたい新商品、サービスの実現を拒んでいるように思えたことが原因でした。G社は創業が古い企業で昔ながらのビジネスモデルで保守的な商品をライバル社よりも低価格で市場投入する戦略で一定の売上げを計上していましたが、最近はじり貧状態であることが大きな問題になっていました。紳士服業界を取り巻く環境が激変していたからです。

昨今、紳士服業界では健康志向、家計の引き締め、スーツ離れなどの「お客様の嗜好《しこう》の変化」や温暖化、クールビズの定着、働き方改革によるカジュアル仕事着の流行などによる環境変化と衣料素材の技術革新、ICT（情報通信関連技術）の進化を受け、ビジネスが大きく変化していました。家庭で丸洗いできるスーツやジャケット、スラックスが開発され、顧客の家計引き締め嗜好にマッチしてヒットしたり、健康、ダイエットブームで長い距離を歩いても蒸れず、疲れないスニーカー感覚のビジネス革シューズがネット販売でヒットするなどが市場で起きていました。

企画部は、新しい紳士服衣料ビジネスを根本から考えて新しい商品、サービスを企画し、それをネットも絡めた新しいビジネスとして成長させないと会社に未来がないと考えていました。

そこで、G社の社長は当時企画部にいた堅田担当部長に特命を出し、2年間会社を離れ、「紳士服業界の未来と自社の未来を考える」ことを指示しました。

堅田担当部長は会社を離れ、国内や海外の新しい衣料品ビジネスの現状を見てまわり、そのキーパーソンたちと交渉しました。1年前に企画部長として復帰した堅田部長は新しい衣料商品、販路について営業部と協議を続けましたが、古い体質が残るG社の商品開発部や営業部の役職者や中堅社員は堅田部長の言うことが理解できません。堅田部長はG社を壊す急進的な部長として恐れられました。しかし堅田部長も必死でした。社長から「会社の未来を考えろ」と厳命されていたからです。

このように、堅田部長を長とする企画部は会社の将来をかけて新しい衣料品ビジネスを立ち上げ、成長させることがミッションでした。一方、商品開発部は、堅田企画部長の言うことは総論では理解できるけど、急に新しい商品、サービスを開発するのは難しいと思っていました。

企画部は考えるだけでいいが、商品開発部は実際にお客様が使う商品をつくって売る必要があるので、どうしても保守的な考えになります。両部の考え、スタンスは常に対立していました。

このせいで、企画部、商品開発部、営業部の人間関係が悪く、立場の弱い商品開発部は、何か失敗があると、企画部を支持する他部門に攻撃され、困っても助けてもらえることがなく、それが、ますます商品開発部の孤立感を高めていきました。

「これでは、会社にとっていいことがない」と思った商品開発部の新見課長補佐はある戦略を立て、実行に移すことにしました。新見課長補佐は「企画部とはこれまでと別の関係をつくり、同盟関係を結ぶことで、商品開発部を企画部やそれを支持する他部門が助けてくれるようになればよい」と思っていました。

そこで、新見課長補佐は返報性効果を引き出すことにしたのです。企画部や営業部の部長や課長、次長のところへ行き、いろいろ話を聞くようになりました。それは、堅田部長に会って話をするための情報収集ゆえでした。そしてあるとき、新見課長補佐は堅田部長と話をする機会をつくりました。

「新見、正直どうなの？　どうして商品開発部はああなのか？　会社の危機なんだよ。今のうちに新しいビジネスを立ち上げないと、売れなくなって会社の体力が落ちてからではダメなんだよ。何でできないかを誰も説明してくれない。社長にも言っているけど、上から落とすような水攻めはしたくない。新見は技術にも詳しいんだろ？　正直なところを教えてくれよ」

「商品開発部もこのままじゃいけないと思っているんです。でも、今の商品を捨てて新商品を開発して成功させる技術も、経験も、自信もないんです。当然ですよね。そういう人材もいないし育ててこなかったんですから。それなのに企画部から攻められて上は怒っていますし、中堅や若手は消沈しています。個人的見解ですけど、堅田部長の言うことは正しいし、自分もそう思います。でも、やり方が今のままではダメです。構造的矛盾を起こしているんです」

「構造的矛盾？　どういうこと？」

「現行を守ることと現行を否定して新をつくることを同じ人がやることは心理的に矛盾するんです。どっちも結局中途半端になる。腰の入らない議論になるんです。新をやるなら徹底的にやるべきです。商品開発部のトップを含め、2系統用意して新ビジネスはクリエイティブな思考を持つ現行ビジネスに詳しくない若い人間に発想させないと。当然、現行に詳しい人間も入れて、知識トランスファーはいると思います。組織を分け、若い人間を集めることは、人事部長だった堅田部長ならできますよね？」

「そういうことか。よくわかったよ。最初からそういう具合に言ってくれるとよかったな。人事、組織面なら任せてくれ。次の異動に合わせてつくる。若手は公募すればいいよな？　あと、技術的な問題はどうか？　俺には新素材やネット販売などのデジタルビジネスのノウハウがないからわからないんだよ」

「ICT（情報通信関連技術）関係は懇意にしている社外の会社にすぐ確認し、勉強会をしてもらうことにします。それ以外は、先行している衣料品メーカーに人脈がありますので、差し支えのない範囲で教えてもらうことにします。特に顧客ニーズ、ウォンツ分析が優れた会社なので、手に入れてレポートしましょう。参考になるものがあると楽ですよね？」

「そんなレポート手に入るの？　簡単なものでもいいからあると助かる」

「相手にはいつもこちらからいろいろな人間を紹介しているので気にする必要はありません。大丈夫です。できることなら何でも協力します。一緒に会社の将来を考えたいと前から思っていました。ぜひ、堅田部長からもいろいろ教えていただきたいですし。今後も定期的に情報を入れさせてください。一応社外に強いので面白い情報、海外事例や各社が描く未来もわかると思います」

「そうか。わかった。ぜひ、定期的に来てほしい。何かあったらスマホで聞いてもいいか？」

「結構です。私も情報が入ったら適宜スマホに入れます」

新見課長補佐は定期的に堅田部長のところに通うようになりました。

この後、堅田部長は執行役員に昇格し、新ビジネス開発プロジェクトの座長になりましたが、何かあると新見課長補佐を呼んで自分の考えを話し、新見課長補佐の反応や意見を聞きました。

このようなことを繰り返したことで、企画部と商品開発部の関係は良好になり、以降、堅田執行役員は、いろいろな面で新見課長補佐や商品開部を助けました。人と人の関係を良好に保つのは、頻繁な接触と相手の興味、困り事、関心事に訴求することです。これは相手が権力者でも同じです。権力者のために動くことで権力者の力を自由自在に借りることができるのです。

この後、堅田執行役員はさらに昇格と異動を続け、それに合わせて新見課長補佐も堅田執行役員に呼ばれて異動していき、「新見さんは堅田執行役員のブレーン」と呼ばれるようになったそうです。

第6章

社内世論を一変させる社外からの飛び道具

社外人脈力

社内人脈だけでは越えられない壁がある

今から18年前、当時30代であった私は、ある大型プロジェクトを担当していました。私の属するチームは、複数会社の情報システムを統合する仕事を担当していたのですが、従来の仕事のやり方では解決できない多くの新しい事柄があり、私は仕事が進まない、問題が解決できない状況に直面していました。それまで経験したことがない「大きな壁」にぶつかったのです。

自分では十分な能力を持っていたと思っていたのですが、蓄積した専門知識だけでは解決できず、なかなか前に進みませんでした。

私は、もがいて途方に暮れました。チームの中の多くの上長、先輩、同僚も同じように苦しんでいました。しかし、一部の上長や先輩、同僚は試行錯誤を重ねながらも前に進める工夫を行っていました。

彼らは自分の知識が不足している部分を社外人脈を駆使することで補い、ノウハウを持った社外人材から多くの情報を短い期間で収集することで、新しい事柄を知識として吸収していました。さらに、新しく吸収した知識を周囲に理解できるように説明し、動けないメンバーをリードしていったのです。

それらは、それまで社内にある知識、情報とは違うものでした。私は自分や社内の人の頭脳だけでは歯が立たない「大きな壁」でも、社外の人間の頭脳を使うことで越えられることを知りました。

以降、私は社外人脈が仕事の成否に大きな影響を与えることに強い興味を持ち、社外人脈をつくり、維持し、活用するための方法論を研究するようになりました。

チャラ男と根回しオヤジのハイブリッドを目指す

「『チャラ男』と『根回しオヤジ』のタッグこそ、企業イノベーションの源泉である」

この言葉は早稲田大学准教授でイノベーションを研究する入山章栄氏が提唱するイノベーションを起こすために必要な要素です。

「チャラ男」とはいつも社外に出て行って多くの人と飲み歩き、何か新しいものを聞いて、それを会社でペラペラしゃべっているチャラい（＝軽い）男のことです。

チャラ男の会社にとっての意義を考えてみましょう。チャラ男は新しいもの、アイデア、人脈、情報を会社に絶えずもたらす機能を持っているものの、チャラ男はチャラいだけなのでそれ以上の機能は持っていません。

新しいもの、アイデア、人脈を生かして新しい会社に有益な企画、仕事のやり方を立案し、根回し（社内調整）を行うことはできません。チャラ男にはそういう力はなく、単に「いつもペラペラしゃべっているだけの男」という社内評価になります。

一方、「根回しオヤジ」はチャラ男が持っていない、根回し（社内調整力）や経営層にものが言える影響力、社内の各部門を動かす力と経験、信用を持っています。しかし、チャラ男が持っている社外の情報、アイデア、社外人脈を持っていません。

根回しオヤジにはそういうイノベーションにつながるものを集める意識はなく、「社内にめっぽう強く、影響力を持っている管理職、リーダー」と評価されます。

入山氏は、「チャラ男だけでも、根回しオヤジだけでも企業にイノベーションをもたらすことはない。チャラ男と根回しオヤジを組み合わせることが、イノベーションを起こす源泉である」と説明しています。そして、「最もいいのは、チャラ男と根回しオヤジの両方の力を兼ね備えている人間だが、そんな人間は会社にはほとんど存在しない」とも言っています。

確かに両方兼ね備えている「チャラ男と根回しオヤジ」のハイブリッド人間は少ないと思いますが、世の中には実際に存在しています。私も、そのようなハイブリッド人間を何人か知っており、長い間一緒に仕事を行い、これらの人間がどのようなことを考え、独自の能力を持っているのかを知っています。

本書は、この「**チャラ男と根回しオヤジ**」の**ハイブリッド人間をつくることを目的**の1つとした本です。

つまり、情報を社外からたくさん持ってくること、社外人脈を拡大し、それを維持していくことが必要なのです。

社外から社内の世論誘導

社外人脈は自社にない新しい発想、アイデアを得ることや価値ある情報を入手できるだけでなく、別の使い方もできます。

主に新聞、雑誌、WEBニュースサイトなどのマスコミのように、影響力があるメディアを使い、取材を受けたり、ニュースをリリースしたりして記事化してもらうのです。私は主に以下の5つを行います。

†社内で反対されそうな企画について賛成されるよう社内世論を誘導する。

これまで社内にはなかった新しいアイデアの企画は反対されることが多くあります。そもそも、社内にこれまでなかったのですから、その企画自体を社内で良いと社内で評価すること自体が難しいのです。

このような場合、マスコミの社外人脈を通じて、その企画がもたらす価値を広く世間に知らしめることで、それを見た社内世論が動かされることが多くあります。「新聞や雑誌記事になっているのか。これからはこういう企画が受け入れられるのか」と社内の人を誘導できれば、新企画を通しやすくなります。

†客向けに新しい価値を持った商品、サービスをPRして普及させる。

客向けに新しい価値を持った商品やサービスを提供して普及した場合も、マスコミの社外人脈は有効です。顧客は売り手がPRするよりも、第三者であるマスコミや友人、知人の推奨や客観的記事に影響されるものです。そこで、うまく記事化してもらい、買い手である客に認知させることができます。

†新しい商品、サービスを業界内で標準化し、競争を避ける。

商品やサービスは客にとっては各社バラバラでなく、各社の同じ規格のものを相互利用できるほうが利便性が高いケースがあります。また、すべての部分で業界内で競争状況にあると、製造コストなどが下がらず、業界全体が疲弊することもあります。

このような場合は、無理な競争を避け、業界内で規格を標準化し、競争を避けることが必要です。たとえば、マスコミの社外人脈を使って、「新しい企画で標準化の動きあり」などの記事を世の中にリリースし、業界内の合従連衡《がっしょうれんこう》を計ることができます。

†自分の業績、やったことを社内でPRして社内影響力を強くする。

自分のやった新しいこと、工夫などが新奇性があり、価値を持つものであれば、社外人脈のマスコミを使って記事化します。

それは社内では高い評価ポイントになるので、社内評価を高め、社内影響力を強くすることに貢献します。

† 自分の業績、やったことを社外にPRして社外人脈を増やしやすくする。

自分のやった新しいこと、工夫などに新奇性があり、価値を持つものであれば、社内の評価を高めるだけでなく、社外人脈に向けたPRになり、社外人脈の形成や維持に役立ちます。


私は、複数のメディア（新聞社、出版社、雑誌社、WEB記事サイトなど）に20年近く連載記事を寄稿したり、取材を受けたりしていますので、社外人脈にはマスコミの人が多くいます。これらの社外人脈と定期的に情報交換や寄稿を行って関係を維持し、必要に応じてこの5つを実現できるようにしています。

このような力は、自分の力だけでも、社内人脈の力だけでも実現できません。強い影響力を持つ社外人脈だからこそ、できることなのです。

ある方法で社内世論を変えた課長

社外人脈を使って社内世論を変えた事例を紹介しましょう。

東京の中堅システム開発会社である H社では、世の中の ITビジネスが変化する兆候を捉え新しい商品を商品企画課に検討させていました。その検討を担当していたのは32歳の上田主任という男性で、その上司はコンサル会社出身の富山課長でした。

上田主任は富山課長の指導で、新しい商品を企画するために、社外の人と積極的に交流し、議論をしたり情報交換をして、新しい商品、サービスのコンセプトを考えていきました。富山課長は 500人以上もの社外の人的ネットワークを持っており、上田主任は課長の人脈を活用しながら、短期間に多くの知識、アイデアを収集していきました。その結果、新しい商品の企画案をプレゼン資料としてまとめました。

しかし、社内の関係部門は上田主任の考えた企画を面白いとは認めたものの、前例がない、市場に受け入れられるか確信が持てないとの理由で反対しました。富山課長は、上田主任の企画は粗削りだが、面白いので、やってみる価値があると思っていました。しかし、新しい試みのため、社内を説得できる材料がないので、今のままでは社内の関係部門を調整し、経営会議に上げるのは難しいとも思っていました。

富山課長は考えた末、ある方法でこの状況を打開することにしました。自分の企画が社内で反対され、前に進まないことで不安になっていた上田主任に、富山課長は2週間黙って待てと言ったのです。

2週間後、上田主任は届いたばかりの月刊誌を読んでいると、あるページに釘付けになりました。その雑誌は業界の人間なら誰でも読んでいるもので、記事の見出しは「今後話題となる商品、サービス最新事例」という内容だったのです。

そこには、上田主任が考えた企画が記事として掲載されており、業界各社でコンソーシアムをつくって共同研究し、各社でお金を出し合っていく内容が書かれていました。そして、その事務局には、上田主任の名前とメールアドレス、電話番号まで記載されていたのです。

その日から、上田主任は大変でした。多くの会社からメールや電話で詳しい話を聞かせてほしいとの問い合わせに対応する必要があったからです。その日だけで、20社以上のコンソーシアムの参加希望がありました。そして、最後の電話は社内からでした。社内で最も企画に後ろ向きだった部門の担当者からでした。

「部長と課長が、雑誌を読んで協力したいと言っているので、具体的に当部門がどう協力したらいいか、教えてほしい」という話だったのです。それから、上田主任の企画は急激に前に進み出したのです。それから1週間後、上田主任にはどうしても富山課長に聞きたいことがありました。

「課長、なぜ、関係部門の部長、課長は急に態度を変えたのでしょうか？　雑誌で話題になったくらいであれだけ頑なに拒否していたことを変えるとは思えません。

「あれか。あの雑誌を秘書に頼んで社長室の未決ボックスに投げ込んだ。それだけだよ。秘書に聞いたら、社長が誰かに電話して話をしていたらしい。内容は俺にはわからない。でも、社長が誰に話をして、何が起こったのかは推測できるだろう？」

「そんなことだと思いました。やっぱり課長はすごいですよ。まさに、人を自由自在に動かせる、政治力がすごいです。私もそういう力を持ちたいです！」

「それは違う。こんなことではダメなんだ。今回はいろいろな力を使ったよ。でも、そんなことは本質ではない。本質は、君が考えたアイデアが良かったということだ。本来なら、この企画は『ぜひやりましょう』という話になるべきだ。しかし組織には矛盾もある。会社をよくできる可能性があるのに、前例がない、リスクがある、失敗の責任を取りたくないという理由で進まないことも多い。そういうときには別の力を使って前に進めることも必要だ。そのときのために、社外人脈を増やし、人的ネットワークをつくっておく必要があるんだよ」

社外人脈を使えば、社内で滞っていることも前に進めることも可能です。そのためにも社外人脈をつくり、維持していくことが必要なのです。

社外人脈のつくり方

社外人脈をつくる基本は、「名刺交換」「勉強会」「業界団体」「情報交換」「セミナー参加」「懇親会」「SNS」「紹介」「有名人、著名人」です。

私の場合は、名刺交換時にいろいろな話をして自分と考えが合ったり、人的ネットワークに加わってほしい人を、勉強会に誘ったり、定期的な情報交換や懇親会に誘います。

1回会って名刺交換で終わる人を人脈化するのは難しいものです。人脈化するには定期的に会って価値交換をすることが必要です。勉強会や情報交換会で何回も会って話をするうちに、人間関係が強くなり、次第にそれぞれの友人、知人を紹介し合うようになります。

また、有名人、著名人の活用は人脈を急速に拡大できる方法です。業界の有名人、著名人は広い人的ネットワークを持っていることが多く、このような人たちと関係を深めることができれば、さまざまな人を紹介してもらえます。

業界の有名人、著名人は、セミナーの講師をしていたり、業界団体の役員だったりすることが多いので、人脈に加えたい人が講師をするセミナーに参加して名刺交換し、懇親会があれば入って、意見交換を行うようにします。後日メールを出して課題の相談や次回以降のセミナー、勉強会に参加するなどを行うことで、次第にこれら有名人、著名人に覚えてもらえるようになります。

また、業界団体の役員をしているような有名人、著名人と関係を深めるには、業界団体に所属し、できればその団体の主催するセミナーなどで裏方を買って出ることです。業界団体のスタッフになれば、有名人、著名人と仲良くなれる可能性が高いと言えます。

また、SNSをうまく活用することも有効です。

単純接触効果はＳＮＳでも効果がある

ＳＮＳは社外人脈づくりを効率的に行えるツールです。すでに自分の友人になっている人を起点に人脈に加えたい人が可視化できているからです。グループも見えるので、どこにどのような人の集まりがあるのかわかります。

そして開催されるイベントも確認できるので、仕事内容が近い知りたいキーワードの勉強会などに参加しやすく、社外の人的ネットワークを広げやすい環境だと言えます。

実名登録型ＳＮＳならば、登録者の個人属性、仕事内容、趣味、勤務している会社名もわかるので、匿名性の高いＳＮＳと異なり、リアルな交流につなげやすいというメリットがあります。ＳＮＳは手間が少なく、時間がかからない人脈拡大ツールなので、私は社外における人的ネットワークの拡大に利用しています。

人脈維持の場合は、ＳＮＳへの投稿、コメント付けをすることで、実際に会っていない場合でも、多くの人と会話をすることができます。コミュニケーションをよくとるほどお互いが好意を持つ「単純接触効果」はSNSでも生じるので人間関係の維持に役立ちます。

私は異業種200以上の社会人交流会を主宰していますが、SNS上でイベント、プロジェクトを行っており、SNSも駆使して、社外人脈の維持をはかっています。このように常に新しい有用な情報が入り、知の交流ができる仕組みを私は「アイデアライブラリー」と呼んでいます。この方法については後述します。

人脈づくりに必要な「価値資源」を明確化する

人脈をつくって維持するためには、人的ネットワークに参加して受け入れてもらう必要があります。

その際に必要なのはマインド面と実際の価値資源です。マインド面では「人が好き」「人のために動くのが好き」「社外勉強会や社外情報交換会に好んで参加する」「社外の飲み会にも積極的に参加する」などの性格、行動があると、社外の人とのコミュニケーションが密になり、友人、知人が増えていきます。これは、社外人脈をつくるベースになります。

それに加え、社外の人たちに与える価値資源が必要です。これには以下のものがあります。

- あることについての専門的知識、新しい知識がある。
- 特技がある、実績がある、世間的名声がある。
- 人脈が広い、人を集めることができる、人を知っていて紹介できる。
- リーダーの役割や幹事の役割、総務の役割ができる。
- 権力がある、決定権がある、人を推薦できる。
- 金銭面の力がある。
- 人に教えることができる。
- 情報を持っている。
- 著書が多数ある。
- 世の中に影響力を持つ立場、ポジションにいる。

- 人が聞きたいような経験をしていて、その話ができる。
- どのような商品、サービスも売ってしまう能力がある。

社外人脈づくりとその維持のポイントは、人間的に優れていること、社外人脈に話題を提供できる豊富な価値資源を持ち、欲している人に価値を提供できるかにかかっています。

社外人脈をつくれない人から見える末路

社外人脈をつくりたい、増やしたいと思っても、なかなか実現できない人がいます。このような人には共通する特徴があります。それはそもそも人が嫌い、人のために動くのが嫌、社外勉強会や社外情報交換会が面倒、社外の飲み会に出たくない、などです。このような人にはいくら社外人脈を増やすノウハウを提供しても意味がありません。

32歳の男性小西氏は中堅食品メーカＩ社の資材調達部の主任です。入社以来勉強熱心で、資格を取ったり、勉強会に参加したり、情報交換会などにも頻繁に参加していました。このような活動をしていることから社外の友人、知人も多く、Ｉ社内では社外人脈の広さで有名でした。

あるときＩ社では社長が代わり、新しい社長は外部から招聘《しょうへい》されたコンサルタント出身の人物でした。社長は就任後の社内報で「内向きな社員が多いことに課題意識を持っている。もっと社外に出て行って意見交換をしたり情報を交換し、新しい価値を生み出すことが必要だ」という趣旨の発言をしました。Ｉ社ではそれまで社外活動を積極的に推奨する風土はありませんでしたが、新社長の発言をきっかけに、若手、中堅社員を中心に社外活動を行う人が少しずつ増えていきました。

すると、社長は喜び、社外活動をする社員といろいろな価値について意見交換をしたがるようになりました。

この流れを受け、I社の管理職は危機感を持ちました。自分が話についていけないと困ると感じ、負けまいと社外人脈づくりに励むようになりました。I社では「社外人脈づくり」がちょっとしたブームになったのです。

あるとき、小西主任の先輩である奥野課長補佐が聞きました。

「小西、君は社外人脈が多いから聞きたいんだけど、社外セミナーに参加した後の講師を交えた懇親会に参加すると社外人脈が増えると社長が言っていたけど、3カ月やっても人脈が増えないんだよ。セミナーと懇親会でどう動いたらいいのか教えてくれないか？」

「社外人脈のつくり方ですか？　ちょっと失礼な質問かもしれませんが教えてください。奥野補佐の趣味とか特技とか、資格とかありますか？　あと、勉強会や社外の情報交換会に行ったりしますか？　社外の飲み会などはどうでしょうか？」

「ないな。俺はこの会社中心だから。社内の飲み会で忙しいし、社内の情報交換で手いっぱいだし。知らない人と話を合わせなくてはならない社外勉強会とか社外情報交換会は面倒でね。社外には行ったほうがいいとは思うけど気が重くて結局は行かないな。ところで、早く社外人脈を増やす方法を教えてくれないかな?」

「わかりました。奥野課長補佐の場合は、社内にたくさん人脈があるようですし、社外人脈はあまり必要でないと思います。ですから、セミナーや社外懇親会で社外人脈をつくろうと無理に思わなくていいと思います」

「そうだよな。俺もそう思っていたんだよ。もう、いいや」


奥野課長補佐のように、社外人脈は欲しいと思っているけれど、実際につくるための活動は面倒と思っている人には社外人脈をつくり、増やしていくことは困難だと思います。

社外人脈を当てにしない部下ほど眠った鉱脈を持つ

5年くらい前の話になりますが、当時私は社内のシステム企画を立案する部門の課長をしていました。私の部下に丸内課長補佐という34歳の男性がいました。当時私の課ではインターネット販売の代金決済に使うデジタルキャッシュを使った「これまでにない新しい決済手段の企画」を検討していました。

丸内は、私の下で新しい決済手段のアイデアを考え企画する役割でした。丸内はこれまで企画を担当したことはなく、決められた手順でサブマネージャとして人の作業を管理する経験しかありませんでした。

検討が始まり私は丸内とディスカッションを開始しました。丸内は早速、自分の考え、進め方を私に説明しました。しかし、丸内の説明は新しい仕事では十分なレベルには達していませんでした。丸内の考えは、「社内の有識者を集め、ディスカッション、ブレーンストーミングを行いアイデアを募って、それをベースに企画案を考える」というものだったからです。これでは「これまでにない新しい決済手段」は発想できないからです。

当然、社内有識者やその他の社内人材からアイデアが出る可能性もありますが、丸内の言う「社内の有識者」からは「これまでにない新しい決済手段」のアイデアは出てこないと考える必要があるのです。

そして、社内からアイデアが出ない可能性や社内よりももっと良いアイデアが出る可能性を考え、仕事を進める必要があるのです。そのためには「これまでにない決済手段」のヒントを誰が持っているのか、どこにあるのかを徹底的に情報収集することが大切です。

そこで丸内に社外人脈の状況を確認したところ、300人くらいの名刺を持っているが、その人たちとはアクティブな交流はしておらず、社外活動も、勉強会や異業種交流会などにも参加していないことがわかりました。単に名刺交換しただけで名刺入れに入れたままだったり、名刺管理ソフトに登録した相手は人脈ではありません。情報を収集できる人脈とは、お互いに仕事で役立てる情報を定期的に交換している人たちです。

こういう人たちと食事をして情報交換を行う、勉強会を行う、共同研究をする、企業間提携（アライアンスビジネス）を行うという関係にならないと社外人脈と呼べないのです。

そこで、私は丸内にある指導を行いました。それは、社外人脈を増やすための工夫でした。

その後、丸内はどうなったでしょうか。

5年後の今は企画の仕事でいろいろな成果を出すようになりました。今の丸内の武器は大量の情報を世界から収集する仕組みと専門人材の人脈の豊富さです。

丸内には、300枚の中から、社外人脈になってほしい人100枚を選び、その名刺に記載されているメールアドレスに以下の内容の文章を送るようにアドバイスしました。

協力会社募集の件

弊社では今後の新規ビジネス企画、それに伴うシステム調達に必要な情報を定期的に収集したいと考えています。そこで、弊社の情報提供依頼に応じていただける会社を募集いたします。

ここで情報収集した内容を元に翌年度予算の策定をいたします。また、実際のシステム調達にあたっては、ご協力いただいた会社に優先的に提案依頼書を送付いたします。ただし、あくまで調達を約束するものではないことを含みおきください。

提案依頼は、複数の会社に同時に送付することがあります。また、各会社からご提供いただいた情報が当方からの発注につながらない場合でも、弊社のビジネスの関心事が貴社のビジネスに有効なヒントになると考えます。

これらをご理解のうえ、趣旨にご賛同いただける場合は、貴社担当者、得意分野などをご回答ください。

以上

このメールには多くの人が反応し、その後から丸内は社外の人との交流が増し、懇親会、勉強会も多くなり、社外からの情報が多く入るようになっていきました。その後、社外人脈の数が増え、最近では数百人規模のビジネス交流会を主宰するようになりました。

自分の外部脳＝「アイデアライブラリー」をつくる

この事例で丸内がつくったのが社外人脈として意見交換したり、勉強会をして新しい知識を仕入れたり、情報交換をすることができる「知の交流」のベースになる「アイデアライブラリー」です。

アイデアライブラリーをつくる1つの方法として、過去に収集した名刺を活用する方法があります。名刺の会社名、所属、役職は社外人的ネットワークをつくるうえで役に立ちます。

たとえば、より多くの価値ある情報を持つ会社の人の所属部門は「営業部門」「調査企画部門」であることが多いので、これらの所属の人たちと優先的に交流すると早く人脈が広がる可能性があります。

役職が役員や部長などの上位職者も有効な情報を持つので、人的ネットワークに参加してほしいところです。

そして業種も提供してもらえる情報価値の高さ、スピードに影響するので、人的ネットワークをつくるうえで重要になります。価値の高い情報を持つのは、新聞社、雑誌社、出版社、テレビ局、ネットニュース会社などのマスコミです。シンクタンク、商社、IT系のスタートアップ企業なども新しい情報を豊富に持っているので、情報収集、知の交流をするための社外ネットワークとしては有効です。

これらの名刺を手に入れたら、すぐにメールを出し、実際に会って情報交換することをすすめます。こうすることによって新しい交流が始まり、社外の人から刺激を受け、次第にこれまでの自分の会社や仕事上では発想できなかったことを思いつくようになります。

これを繰り返すうちに、発想が豊かになっていくことを実感できるはずです。

ただし、**注意すべきは情報を一方的にもらうだけにしないこと**です。交流する場合は、こちらがより多くの有効な情報を出す気持ちでいることが大切です。

自分の会社では当たり前の問題解決方法やアイデアでも、他社から見れば斬新《ざんしん》で先進的な場合も多いので気にせず情報交換するようにします（ただし、社外秘の情報に注意すべきは言うまでもありません）。社外に公開されている情報でさえも、それに自分の経験を交えて話すことだけでも他社の人間から見れば価値が高いと感じるものです。

このようにアイデアライブラリーを広げていくことで、自分の外部脳をつくっていくことができるのです。

社内政治力

２０１８年10月1日　初版発行

著　者　**芦屋　広太**

発行者　**太田　宏**

発行所　**フォレスト出版株式会社**

〒１６２-０８２４
東京都新宿区揚場町２-18　白宝ビル５Ｆ
電　話　０３-５２２９-５７５０（営業）
　　　　０３-５２２９-５７５７（編集）
ＵＲＬ　http://www.forestpub.co.jp

印刷・製本　**中央精版印刷株式会社**

ISBN 978-4-86680-002-8 Printed in Japan

芦屋広太（あしやこうた）

財閥系金融機関の情報技術部門と販売企画部門を兼務する部長。マネジメント・コンサルタント、ＩＴ分野における国家試験対策の論文指導などコミュニケーション、マネジメント、思考力を指導する教育コンサルタント、コーチとしても活躍。教育・教材の企画開発、研修、講演、コンサルティングを手がける。

「ＩＴｐｒｏ」の「ひとつ上のヒューマンマネジメント」はミドルリーダー必読の超人気コラム。雑誌記事やネット記事執筆は４００以上。

付　録
「チームマネジメントのルール」サンプル

「基本行動」8ルール

1 元気でいる。

常に元気でいることはチームの活性化と関係者からの好感につながります。

2 人のために動く。

情けは人のためならず。他人につくすことで返報性（相手に何かをすると、その相手がお返しをしたくなる心理状態）が働き、結局は自分やチームにメリットをもたらします。

3 人の悩み、困ったことを聞いて助ける。

これも返報性に関係しています。心理的「貸し」をたくさん持っているほうが、仕事は楽に進みます。

4 人が嫌がることを進んでする。

他人はよく見ています。「よくできたチームだ」という評判をもたらします。

5 前向きでいる。

前向きな人やチームは他人から好かれます。

6 スピード感を持つ。

仕事の生産性を上げるにはスピード感が大事です。リーダーがスピードを重視することで、メンバーに伝わります。

7 理に適ったことをする。

合理的な判断をすることを徹底すると、仕事上のアウトプットが多くなります。

8 後ろ指をさされない。

悪い評判がたつと、誰もチームに協力してくれなくなります。

「考え方」７ルール

1 「人ができない」という問題を前向きに検討する。
難しいことを考えることが能力向上につながります。

2 深みのある考えをする。
周囲に感心されたり、見識が深まるためには、多面的に深く考えることが必要です。

3 常に先のことを考える。
5年先、10年先を考えて、環境分析したり、内部人材の評価をすることが組織としての能力の高さに結び付きます。

4 「木を見て、森も見る」で考える。
細かいことがわからないと仕事は進みません。そして、全体を鳥瞰することもできなくてはなりません。管理者だから細かいことはわからない。担当者だから全体計画は関係ないではダメなのです。

5 常に参加者全員の利益を考える。
仕事を進めるキーは参加者全員のメリットを考えることです。この訓練を積むことで、常に周囲に影響を与える仕事ができるのです。

6 組織にとって良いことを考える。
個人としての成果も大事ですが、まず組織としての成果を考え、個人でどのように貢献できるかを考えると、チーム力が確実に上がっていきます。

7 自分ができることと、他人ができることを交換する。
これを実行することで、組織同士の関係が強化されます。チームや個人ではできなかったことができるようになり、生産性が高まります。

「依頼する」７ルール

1 普段から依頼する部門には貸しをつくっておく。
返報性が相手の「貸し」を生み、いざというときに役立ちます。

2 依頼内容はわかりやすく明確にする。
面倒な依頼は誰も受けてくれません。心を込めて依頼書を書き、丁寧にお願いしましょう。

3 できるだけ早くから依頼する。
急な依頼は相手に不快感を持たれてしまいます。早めに依頼をして作業時間を十分与えることが、不快に思われないコツです。

4 依頼する部門にメリットがあるように話す。
相手にメリットがなければ誰も喜んで動きません。必ず、メリットを提示して納得してもらいましょう。

5 依頼する個人の評判が高まるようにする。
組織だけでなく、作業を行う個人にもメリットがなければ人は動きません。インセンティブを提示して、気持ちよく動いてもらいましょう。

6 依頼完了時にはお礼の言葉を。
お礼の１つで人は気分をよくするものです。必ずお礼の言葉をかけましょう。タイミングも大事です。できるだけ早めにしてください。

7 相手に依頼をしたら、こちらも何かできることを返す。
いつもやってもらうだけではダメです。何かお返しできることを探し、「借り」ばかりをつくらないようにしましょう。

「教える」10ルール

1 教える前に「なぜ学ぶのか」を伝えて考えてもらう。
本人が納得したうえでないと、学習効果は上がりません。

2 最初に「できない」ことを自覚してもらう。
できないという自覚がないと､教えたことは雑音にしかならず、何も理解することができません。

3 途中や最後にテストや発表などの「アウトプット」を必ず絡める。
理解するため､記憶するためにはアウトプットが欠かせません。一度聞いた話をアウトプットするために、脳は一生懸命記憶を定着させます。新しい記憶は既存の記憶と組み合わさり、ひらめきをもたらします。

4 教える前にミッションを与える。
目的を持ち、高い意識を植え付けないと、学習効果は高まりません。

5 理解を深めるためにたくさん質問する。
質問をすることで、脳は記憶を定着させようとします。学習効果を高めるには、うまく質問をすることが欠かせないのです。

6 学んだことを整理して他のメンバーに教え、理解してもらう。
教えたこと、学んだことを他人に教えるのは効率的な記憶定着方法でより理解が高まる効果があります。

7「なぜ､そうなっているか」の理由を徹底的に考えてもらう。
脳は納得しないと理解したり、記憶することが難しいので、その理由や背景を考えてもらうことが必要です。

❽ 考えさせたことは、紙に書いてもらう。

これもアウトプット効果です。アウトプットすることは効率的に理解する、記憶するための手段なのです。

❾ 必要に応じて、見学や実地研修を取り入れる。

百聞は一見に如かず、百見は一行に如かず。見て、行動することは脳に大きな刺激を与えるので、学習効果が高まります。

❿ 短い時間でもいいので、毎日継続的に教える。

継続することで意識に刷り込まれ、常に行動に反映させるようになるのです。

「叱る」9ルール

1 叱るとき、注意するときは、人目と人耳に気を使う。

本人のプライドを傷つけるのは得策でありません。叱る内容が個人的能力の不足の場合は特に人前で叱るのはやめましょう。

2 叱られても、「得がある」と思わせる。

叱られるのは嫌なものですが、叱られても「得がある」と思わせれば叱る効果は何倍にもなります。

3 失敗したと相手が認めてから叱る。

失敗を自覚していないのに叱られれば、不満、反感、不信につながります。これでは、個人にも、リーダーにも、チームのためにもなりません。

4 失敗を反省しているときはそれ以上叱らない。

失敗して一番悔しいのは本人です。反省している場合はあえて何も言わないのが最善の場合もあるのです。

5 人格ではなく、行為を叱る。

行為はやり直せますが、人格は簡単には直せません。直せないものを指摘されても効果は少ないものです。

6 叱る理由は明確にする。

何で叱られているのか、何を直すべきなのかがわからないと前に進めません。必ず、ポイントを明確にして叱るようにすべきです。

7 叱ったことを後に引きずらない。

叱るという行為は、改善のためのものです。いつまでもお互いに根に持つような叱り方は意味がありません。

8 1回で複数のことを叱らない。

1回でたくさんのことを言われても忘れてしまいます。1回に1つ改善できるように叱るのがよいのです。

9 叱った後は必ず汚名返上の機会を与える。

本人の気持ちが落ち込んでいる場合は、必ず汚名返上させるようにしむけ、前向きさを引き出す必要があるのです。

「ファシリテーション」10ルール

1 テーマを絞る。

会議のテーマを明らかにして、論点を絞り、無駄な話を排除しましょう。

2 参加者を絞る。

本当に必要な人で運営します。部外者、発言しない人は会議に出ても効果が出ません。

3 意見の流れを絞る。

意見が拡散しないよう、論点に向かった解決策などに集約するよう、意見の流れを制御しましょう。テーマに関係のない意見は出ないように運営してください。

4 結論をイメージする。

会議の結論をイメージした意見の流れ、タイムマネジメントをします。時間切れの会議ほど無駄なものはありません。

5 会議後の行動をイメージする。

会議で出た結論を会議後に行動に移して成果が出るところまでをイメージして会議の流れを制御してください。これがイメージできるようになると、具体的な意見を歓迎するようになります。

6 テーマは先に連絡する。

会議の準備は大事です。テーマは必ず事前に連絡して、会議時間は議論することに集中しましょう。

7 会議の参加者の発言を想定し、会話のやりとりも想定する。

どんな立場の人が、どんな意図で会議に参加しているのかをしっかり考えれば、会議で出る意見は推測可能なことが多いものです。何を発言するのかを想定して、どう制御していけばいいかを考えておくべきでしょう。

8 会議の目標は明確にする。

目標が曖昧な会議に成功はありえません。明確な目標を設定してください。

9 会議がうまく進むよう資料にガイド機能を持たせる。

資料は会議の流れを決める大事なガイドです。会議の流れをしっかり考え、シナリオ化し、それに合うような資料を作成してください。

10 意見が出やすいようにホワイトボードをうまく使う。

図示することで会議は活発化します。ホワイトボードの前に立って参加者と一緒に考えることにより、会議は一体感を持ちます。

「マネジメント」9ルール

1 誰の責任で何の作業を行うのかを常に明確に。

責任を曖昧にすると仕事は進みません。誰に何の責任があるのかを明確にし、トレースします。

2 本当の進捗がわかるように「具体的」に質問する。

進捗状況を具体的にアウトプットのレベルで確認していくと、本当にできているのか、できていないのかがわかります。

3 問題や作業遅れはいつまでにやるのかを必ず1日単位で管理する。

一度できなかったことや､問題が発生して解決が難しいことは、ズルズルと遅れるリスクがあります。このような場合には誰の責任でいつまでに何をするのかを明確に管理することが必要です。

4 状況把握と問題解決の話し合いを一緒にしない。

状況把握はスピードや事実情報の収集を重視します。まず、状況をしっかりつかみ、それとは別に問題解決に向けた話し合いをします。一緒くたに考えると、しばしば問題の因果関係が逆転するなど混乱が生じるからです。

5 問題を正しく認識できるような聞き方をする。

聞き方が悪いと正しい情報収集ができません。｢問題はこれだろう｣という決めつけた尋ね方はメンバーを萎縮させ､リーダーが正しくない捉え方をするリスクがあります。

6 問題を正しくターゲッティングする。

何が原因なのか、何がまずいのかを正しく理解すれば、ほぼ問題解決は終わったといわれます。とにかく大事なのは、問題を正しく把握することです。

7 問題が「解決できない」と言わせない。

「それは難しい」「解決できないから問題なのです」のような言葉は言わせないようにします。「問題は必ず解決できる」「解決できないのはアプローチが足りないから」と強く意識し、徹底します。

8 解決策を考えるために時間を区切る。

時間は無限ではありません。タイムボックスで時間を区切るほうが脳にプレッシャーを与えるので、よいアイデアが出ます。

9 解決策を関係者で共有できるようにする。

解決策は共有ノウハウとして、次回以降も使えるようにルール化します。このようにすることで、ノウハウが増えて問題解決ができるチームに成長していくのです。

「ディスカッション」9ルール

1 意見が出やすいようにテーマを絞る。

漠然とした抽象的なテーマでは意見が出にくいものです。具体的なテーマを設定し、まずオピニオンリーダーが呼び水となる意見を出してください。

2 意見が出るような質問をする。

質問をして考えを引き出しながら意見につなげるようにすれば次第に活発化します。

3 批判、消極的な意見が出ないようなルールをつくる。

議論をする前にはもちろん、日頃からメンバーで徹底して行ってください。

4 時間を区切る。

時間がないほうが脳にプレッシャーを与えることができます。その結果、アイデアが出やすくなります。

5 完了後は誰が、いつまでに何をするかを明確にする。

完了後はダラダラしやすいものです。確実に次につながるアクションプランを作成し、徹底しましょう。

6 会議の流れを決める発言を記録に残す。

会議の議事録には、流れを決めた発言を残し、後日のエビデンス（証拠記録）にしましょう。時間がたつと人は自分の発言を忘れ、無責任になりやすいものです。

7 未決、既決はわかりやすく書く。

人は忘れやすいので、たくさんの議題の中で何が完了か、何が未決かを覚えておくことができません。自分で記録を残し、人の記憶に頼らないようにしましょう。

8 会議が終わったらその日のうちに記録する。

会議が終わったら、その記憶が残っている、気分が高揚している段階で素早く記録に残しましょう。

9 未決案件は、トレースしやすいように管理する。

未決案件はトレースしやすいように､大きな字でつくった表で、リーダーやメンバーのすぐ見えるところに置いておきましょう。

「褒める」7ルール

1 他人を介して褒める。
他人から聞いた褒め言葉は何倍も嬉しいものです。

2 考えを褒める。
「がんばっているね」よりも、「君のアイデアはすごく面白かった」というほうが褒められた本人には心に残ります。仕事の具体的な良さを褒めると効果的なのです。

3 努力を褒める。
これも仕事の具体的な部分を褒めるケースです。本人の考え、努力、習慣に良いところがあればそれを褒めると、さらに努力をしようとするものです。

4 叱った後には褒める。
落ち込んでいるときは、わざとらしくないように、何かをさせて褒めるきっかけをつくってあげましょう。

5 他人と違うところを見つけて褒める。
本人の工夫、好みなど他人と違うところを褒めることでモラルアップさせることができます。

6 できたときは「気の利いた」言葉をかける。
がんばって努力した人には、「君だから」「君の考え方がいいから」などと「気の利いた」言葉をかけるとモチベーションがアップします。

7 相手のサポーターになりきる。
リーダーや上司は部下と対等に張り合うべきではありません。部下やチームメンバーのサポーターとなって元気づけたり、褒めてあげることが必要です。